# ようこそドイツへ
## Willkommen in Deutschland
ヴィルコメン　イン　ドイチラント

ドイツ国旗
ドイツ連邦共和国の国旗は、黒、赤、金の3色
Licensed under Public Domain via Wikimedia Commons

ドイツ北海沿岸で放牧される羊たち
©GNTB/Colorvision Uthoff, Hans R.

ドイツでは古くからブドウ栽培がさかん
©GNTB/siehe Bildquelle

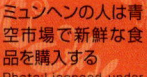

ミュンヘンの人は青空市場で新鮮な食品を購入する
Photo:Licensed under Public Domain via Wikimedia Commons©

ライン川沿いに点在するローマ帝国時代の城は人気の観光スポット
©GNTB/Cowlin, Andrew

# ドイツの地図
# Deutschlandkarte

| 首都 | ベルリン Berlin |
| --- | --- |
| 時差 | 日本との時差は−8時間。日本が正午のときドイツは午前4時。※サマータイム期間（3月末〜10月末）は−7時間。 |
| ビザ | 観光目的なら90日以内の滞在はビザ不要。 |
| 政体 | 16の連邦州(Bundesland)から成り、それぞれ独自の政府、法律、裁判所を持つ国家(Staat)で、その中がさらに県に分かれている。 |

©GNTB/Koster, Andreas
ドイツの北海沿岸の砂浜には、のんびり休むための籠椅子が並ぶ

©GNTB/ Imagekontor Spahrbier, Christian
ハンブルクの歴史的な赤レンガ倉庫は、ユネスコの世界文化遺産

©CEphoto, Uwe Aranas / CC-BY-SA-3.0
ゴシック建築のケルン・ドームもユネスコの世界文化遺産

©GNTB/Cowin, Andrew
デュッセルドルフのケーニヒスアレー。街の真ん中を流れる川を中心に、両岸に並木道と上品なブティックが立ち並ぶ

© Dontworry (via Wikimedia Commons)
フランクフルトで生まれた最も高名な人物を記念するゲーテハウス

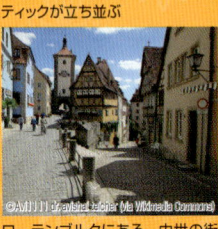

©Avi1111 dr.avishai teicher (via Wikimedia Commons)
ローテンブルクにある、中世の街並みを完全に保存した観光地区のプレーンラインで散策

Schleswig-Holstein
シュレースヴィヒ=ホルシュタイン
ザンクト・ペーター=オァディン

Hamburg
ハンブルク

Bremen
ブレーメン

Niedersachsen
ニーダーザクセン

Nordrhein-Westfalen
ノルトライン=ヴェストファーレン
● デュッセルドルフ
● ケルン

Hessen
ヘッセン

フランクフルト ●

Rheinland-Pfalz
ラインラント=プファルツ

Saarland
ザールラント

ローテンブルク

Baden-Württemberg
バーデン=ヴュルテンベルク

## 地図上のラベル

- リューゲン島 ヤスムント国立公園
- リューベック
- **Mecklenburg-Vorpommern** メクレンブルク=フォアポンメル
- **Brandenburg** ブランデンブルク
- **Berlin** ベルリン
- **Sachsen-Anhalt** ザクセン=アンハルト
- ライプツィヒ
- ヴァイマール
- ドレスデン
- **Sachsen** ザクセン
- **Thüringen** チューリンゲン
- **Bayern** バイエルン
- ミュンヘン
- ノイシュヴァンシュタイン城

## 写真キャプション

- ホルステン門はリューベック市の象徴
- バルト海最大のリューゲン島にそびえる印象的な白亜岩の絶壁 
- J.S.バッハが音楽監督を務めたライプツィヒのトーマス教会は、少年合唱団でも有名 
- 第二次大戦で破壊されたドレスデンの聖母教会は1994年から2005年に再建された 
- ドイツ二大作家のゲーテとシラーは、ヴァイマールのテアタープラッツを長年の活動拠点とした 
- ドイツで最も有名なオペラハウスのひとつ、ドレスデンのゼンパーオーパー州立歌劇場 
- ノイシュヴァンシュタイン城はドイツ最大の観光地のひとつ 
- ミュンヘン旧市街の散策でお楽しみのひとつはホーフブロイハウスのビール！

# 歴史を刻むベルリン
# Berlin

**ブランデンブルク門**
冷戦時代に東西ベルリン分断の象徴だった
ブランデンブルク門は、今では統一の象徴
©GNTB/Photographie Pollak, Jürgen

**国会議事堂**
国会議事堂の現代的なドームは、
訪れる観光客に人気が高い
©GNTB/ Photographie Pollak, Jürgen

ドームの中はこんなかんじになっている！
©Another Believer (via Wikimedia Commons)

**戦勝記念塔**
そのてっぺんには勝利の女神ヴィクトリアが輝いている
©Nikolai Schwerg (via Wikimedia Commons)

## ベルリンの壁
1990年に東西ドイツが再統一されるまで、この壁がドイツ分断や冷戦の象徴だった
©Noir from de.wikipedia.org

## ヴィルヘルム皇帝記念教会
戦争で大きく破壊されたヴィルヘルム皇帝記念教会は、戦禍の記念碑となっている。礼拝は、隣接した新築の教会で行われる
©GNTB/Photographie Pollak, Jürgen

## アレキサンダー広場
「アレックス」の愛称で呼ばれるアレキサンダー広場は、ベルリン市ミッテ（中央）区の交通の要衝
©Vwpolonia75 (Jens K. Müller, Hamburg) via Wikimedia Commons

# エンターテインメント
# Unterhaltung

**クラシック音楽**
ケルン交響楽団は、大人も子供も楽しめる
バラエティに富んだプログラムを演奏する
©Wolfgang Seul (via Wikimedia Commons)

**伝統料理**
栄養たっぷりの伝統的なドイツ料理といえ
ば、アイスバイン(塩漬け豚すね肉の煮込
み)とザワークラウト(キャベツの漬物)
©Traumrune (via Wikimedia Commons)

**サッカー観戦**
シャルケスタジアム。ゲルゼンキルヒェン市の
フェルティンス・アリーナは最新のサッカー場の
ひとつで、FCシャルケ04のホームスタジアム
©Friedrich Petersdorff (via Wikimedia Commons)

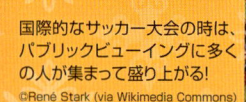

国際的なサッカー大会の時は、
パブリックビューイングに多く
の人が集まって盛り上がる!
©René Stark (via Wikimedia Commons)

オクトーバーフェストでのワンシーン。女性はギャザースカート、男性がレザーパンツの民族衣装を着用している
©digital cat (via Wikimedia Commons)

**オクトーバーフェスト**
ミュンヘンで開催されるオクトーバーフェストは世界最大の祭りで、毎年600万人近くが訪れる
©GNTB/Büro Gaff Adenis, Pierre

クリスマスマーケットといえば、手工芸品のくるみ割り人形が有名
©GNTB/Lehr, Herbert

**クリスマスマーケット**
ドイツの多くの都市では、12月になるとクリスマスマーケットが開かれる（写真はシュトゥットガルト）
©GNTB/siehe Bildquelle

**伝統的な朝食**
バイエルン地方の伝統的な朝食は、ヴァイスヴルスト(白ソーセージ。甘いマスタードと一緒に供されることが多い)とブレッツェル(焼き菓子)とビールの定食
©Marco Verch (via Wikimedia Commons)

# オーストリアとスイスもドイツ語圏!
# Österreich / die Schweiz
エスタライヒ　　　　　ディー　　シュヴァイツ

ドイツ語は、ドイツの他にオーストリアとスイスのドイツ語地域、リヒテンシュタイン、ルクセンブルクなどで公用語として使われています。また、旧東欧地域でも第2言語として通じる国がたくさんあります。

オーストリア

**市内観光**
ウィーン市内は、「フィアカー」と呼ばれる馬車で観光できる

**ウィーン**
オーストリアの代表的なゴシック建築であるシュテファンスドーム。シュテファン大聖堂という言い方も
©Bwag (via Wikimedia Commons)

**アルプス山脈**
スイスの魅力は、手付かずの自然が残った山の風景

スイス

**牛**
アルプスの高原牧草地で、独特なベルをつけて草を食べる牛たち
©Dietrich Michael Weidmann
(via Wikimedia Commons)

Licensed under Public Domain via Wikimedia.Com

# 10フレーズで
# 楽しいドイツ旅行を！

　ヨーロッパの中心ともいえるドイツ語圏のドイツ、オーストリア、スイス。実はその3国の国境が交わるところにボーデン湖があります。中世以来の歴史的なお城や教会、ベルリンの壁、ロマンティック街道やクリスマスマーケット、オーケストラやバレエ鑑賞、サッカー観戦、そしてオクトーバー・フェストに代表される各地の地ビールやソーセージなど、見どころ満載のドイツ語圏。かたことでもドイツ語が通じれば、旅の楽しみも倍増です。

　本書は10の基本フレーズから始めて、旅行の場面に対応した会話文が、各項目の「基本フレーズ」と「言い換え単語」で作れるように工夫されています。すぐに使える定番表現や単語も多数、収録しました。 また、すべてのドイツ語フレーズ、単語にカタカナ読みが添えてありますので、初学者でも安心です。本書をガイドに、まずは声に出してコミュニケーションをとってみましょう。 皆さんの旅が素敵な経験になりますように。心から願っています。

著者

# CONTENTS

はじめに……………………………………………………………………1
本書の使い方………………………………………………………………4
ドイツ語の基礎知識………………………………………………………5

## 出発24時間前編 …………………………………………………………7

基本の10フレーズ…………………………………………………………8
15の常用フレーズ…………………………………………………………18
定番応答フレーズ8…………………………………………………………19
知っておくと　　　数字／序数詞／値段／疑問詞／時刻／時の表現……………20
便利な表現　　　　時間にまつわる表現／位置／日付／暦の月／曜日／
　　　　　　　　　その他の時の表現

## 場面別会話編

### ● 機内・空港 ………………………………………………………………33
機内で　　　　　　場所を聞く／乗務員に用事を頼む／………………………34
　　　　　　　　　機内食を頼む／飲み物を頼む
到着空港で　　　　入国審査／荷物の受け取り／紛失手荷物の窓口で／………39
　　　　　　　　　税関審査／通貨を両替する
空港から市内へ　　交通機関の場所を聞く／タクシーの運転手に頼む…………46

### ● 宿泊 ………………………………………………………………………49
問い合わせ　　　　客室のタイプ／料金を聞く／施設の有無を聞く……………50
フロントで　　　　希望を伝える／館内施設の場所を聞く………………………54
部屋で　　　　　　使いたいと伝える／欲しいと伝える…………………………57
朝食　　　　　　　朝食を注文する………………………………………………59
トラブル　　　　　故障している………………………………………………63

## ● 飲食 ･･････････････････････････････････････････････････ 65
| | |
|---|---|
| 店を探す | 店を探す ････････････････････････････････････ 66 |
| カフェで | 飲み物を注文する／食べ物を注文する ･････････････ 68 |
| レストランで | レストランに入ってから／メニューを頼む／飲み物を頼む／‥ 70<br>ワインについて／料理を頼む／デザートを注文する／料理の感想を言う |

## ● 買い物 ････････････････････････････････････････････ 81
| | |
|---|---|
| 店を探す | 店を探す／デパートで売り場を探す ･･････････････････ 82 |
| 洋服・雑貨などの専門店で | 服を買う／色について尋ねる／サイズについて尋ねる／･･････ 84<br>かばん・靴を買う／雑貨を買う／化粧品を買う／文具を買う／<br>ギフト雑貨を買う／アクセサリーを買う／お菓子を買う／<br>商品の情報を尋ねる／日用品を買う／ラッピングを頼む |

## ● 観光 ･･････････････････････････････････････････････ 101
| | |
|---|---|
| 観光案内所で | 観光名所への行き方を尋ねる／都市への行き方を尋ねる／･･･ 102<br>希望を伝える／目的の場所がどこか尋ねる |
| 乗り物を利用する | 乗り物のチケットを買う／タクシーに乗る ･････････････ 109 |
| 観光スポットで | チケットを買う／許可を得る／写真を撮る ･････････････ 113 |

## ● トラブル ･･････････････････････････････････････････ 123
| | |
|---|---|
| トラブルに直面！ | とっさの一言／助けを呼ぶ／盗難に遭った／紛失した／ ････ 124<br>連絡を頼む |
| 病院で | 発症時期を伝える／症状を伝える／薬を買う／ ･･････････ 132<br>薬の飲み方の説明 |

| 単語編 | **すぐに使える旅単語集 500** ････････････････････ 137 |
|---|---|

カンタン便利なドイツ語フレーズ ････････････････････････････ 163

さくいん ･････････････････････････････････････････････････ 164

## 本書の使い方

本書は、「出発24時間前」「場面別会話」「すぐに使える旅単語集」の3部構成になっています。

### 1）出発24時間前

本編を始める前に、「基本の10フレーズ」を紹介します。各フレーズについて複数の例文（6～8文）を載せています。この例文は、「日本語→ドイツ語」の順で CD-1 に収録されていますので、音声に続いて繰り返し練習してみましょう。出発24時間前でも間に合いますが、余裕のある人は3日～1週間前から練習すると効果的でしょう。

CD-1 はほかに、「15の常用フレーズ」、「定番応答フレーズ8」、「知っておくと便利な表現」も収録されています。

### 2）場面別会話編「基本フレーズ+単語」

海外旅行のシチュエーションを「機内・空港」「宿泊」「飲食」「ショッピング」「観光」「トラブル」の6つに分け、各シチュエーションの基本単語を精選して収録しました。どの単語も基本フレーズと組み合わせて使えるようになっています。

> CD-1 と CD-2 の前半には出発24時間前編と場面別会話編の「フレーズ」「言い換え単語」「定番フレーズ」が「日本語→ドイツ語」の順に収録されています。

### 3）巻末付録単語集「すぐに使える旅単語集500」

旅行でよく使う単語を巻末にまとめました。単語は旅行のシチュエーションごとに分かれているので、旅先で知りたい単語を引くのに便利です。

> CD-2 の後半には巻末付録単語集が「日本語→ドイツ語→ドイツ語」の順に収録してあります。※ドイツ語は2回流れます

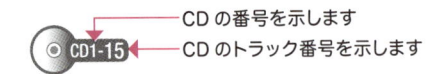

```
CD1-15　← CDの番号を示します
        ← CDのトラック番号を示します
```

●発音・記号について

フレーズ、単語にはカタカナの発音ガイドが付いています。カタカナの中で文字色が薄いものは、ごく小さな音になるところです。

# ドイツ語の基礎知識

## ① Grammatik ～文法～

ドイツ語の名詞には、男性名詞、女性名詞、中性名詞の3種類があります。それぞれの名詞の「性」に応じて冠詞の形が変わります。冠詞には、英語の the と a のように、定冠詞と不定冠詞があります。

|  | 男性名詞 | 女性名詞 | 中性名詞 |
|---|---|---|---|
| 定冠詞 | **der Bus** | **die Bahn** | **das Auto** |
| 不定冠詞 | **ein Bus** | **eine Bahn** | **ein Auto** |

また、名詞の格変化に伴って変化する冠詞もあります。たとえば、男性名詞の1格（主格）定冠詞は der ですが、4格（直接目的格）は den となります。しかし、女性名詞と中性名詞では、1格と4格の冠詞は同じ形です。

例 男性名詞　**der Bus / ein Bus** --- 1格
　　　　　　　**Ich sehe den Bus.** --- 4格（私はそのバスを見ます）
　　　　　　　**Ich sehe einen Bus.** ---- 4格（私はあるバスを見ます）

　　女性名詞　**die Bahn / eine Bahn** --- 1格
　　　　　　　**Ich sehe die Bahn.** ---4格（私はその電車を見ます）
　　　　　　　**Ich sehe eine Bahn.** ---- 4格（私はある電車を見ます）

　　中性名詞　**das Auto / ein Auto** --- 1格
　　　　　　　**Ich sehe das Auto.** ---- 4格（私はその車を見ます）
　　　　　　　**Ich sehe ein Auto.** --- 4格（私はある車を見ます）

## ② Aussprache 〜発音〜

　ドイツ語は基本的にはローマ字読みなので、日本人には読みやすいのですが、少し難しいのが「ウムラウト」です。ウムラウトには、ä ö ü の3つがあり、それぞれに長音と単音があります。

　本書の読み仮名では、ウムラウトは簡単に、ä ＝エ、ö ＝エ、ü ＝ユで記載してあります。ä と ü はそれでほとんど同じ音ですが、ö は「オの口でエの音を出す」中間的な音ですので、CDをよく聞いて真似してみてくださいね。

例
- **Käse**
  ケーゼ
- **schön**
  シェーン
- **Bücher**
  ビューヒャー
- **Länder**
  レンダー
- **Köln**
  ケルン
- **München**
  ミュンヒェン

　また、英語と同様、「子音＋母音」のローマ字のような音と、子音だけの音があります。子音だけの音は日本語の似た音より弱く発音されますので、本書の読み仮名では薄い色で示してあります。

例
- **Apfel**　※pとlに母音がつきません。プ、ルにならない。
  アプフェル
- **Raum**　※mに母音がつきません。ムにならない。
  ラウム
- **drei**　※dに母音がつきません。ドにならない。
  ドライ
- **Saft**　※fとtに母音がつきません。フ、トにならない。
  ザフト
- **Milch**　※lに母音がつきません。ルにならない。
  ミルヒ
- **grün**　※gに母音がつきません。グにならない。
  グリューン
- **Tag**　※語尾のgは濁りません。グにならない。
  ターク
- **gelb**　※語尾のbは濁りません。ブにならない。
  ゲルプ

CDをよく聞いて真似してみてくださいね。
　なお、ほとんどのb, s, zについては、日本語の「ブ」「ス」「ズ」で母音が弱く、カタカナ読みでもあまり問題がないので、薄い字になっていません。

出発24時間前編

# 基本の
# 10フレーズ

基本知識と定番表現を
まとめてチェック！

# 基本の10フレーズ

CD1-4

## 1 ～をお願いします。
## ～ bitte.
ビテ

レストランで料理や飲み物を注文したり、ショッピングの場面で店員さんに買いたいものを伝えたりと、さまざまな場面で使える便利なフレーズです。欲しいものの単語の後に、bitte を付けるだけです。

### 言ってみましょう

|  |  |
|---|---|
| アプフェルショーレをお願いします。 | **Eine Apfelschorle, bitte.**<br>アイネ　アプフェルショーレ　ビテ |

※ドイツでは、りんごジュースとスパークリング・ミネラルウォーターを半々に混ぜた「アプフェルショーレ」と呼ばれる微炭酸りんごジュースが一番人気です。またここ数年は、他のフルーツジュースをスパークリングウォーターで割った「フルヒトザフトショーレ」もレストランやスーパーで見られるようになりました。また、夏には「ヴァイスヴァインショーレ」(白ワイン50％、スパークリングウォーター50％) も好んで飲まれます。

|  |  |
|---|---|
| オレンジジュースをお願いします。 | **Einen Orangensaft, bitte.**<br>アイネン　オランジェンザフト　ビテ |
| 魚をお願いします。 | **Den Fisch, bitte.**<br>デーン　フィッシュ　ビテ |
| プレッツェル1個お願いします。 | **Eine Brezel, bitte.**<br>アイネ　ブレーツェル　ビテ |
| お勘定をお願いします。 | **Die Rechnung, bitte.**<br>ディー　レヒヌン　ビテ |
| チェックアウトをお願いします。 | **Auschecken, bitte.**<br>アウスチェックン　ビテ |
| 切符1枚お願いします。 | **Eine Fahrkarte, bitte.**<br>アイネ　ファーカーテ　ビテ |
| 8時にお願いします。 | **Um 8 Uhr, bitte.**<br>ウム　アハトウァ　ビテ |

## ②〜が欲しいのですが。
## Ich hätte gerne 〜．
(イヒ　ヘテ　ゲァネ)

自分が欲しいものを相手にやんわり伝える表現です。Ich hätte gerne の後に、欲しいものを付けます。hätte gerne は遠慮がちに欲しい物を依頼する表現です。

### 言ってみましょう

|  |  |
|---|---|
| 水が欲しいのですが。 | **Ich hätte gerne ein Wasser.** (イヒ　ヘテ　ゲァネ　アイン　ヴァッサ) |

※通常ドイツのレストランで食事をするとき、無料のお水はもらえません。お水を頼むと、普通は有料のスパークリングウォーターが出てきます。炭酸の入っていない水が欲しいときは "Ich hätte gerne ein stilles Wasser.（イヒ ヘテ ゲァネ アイン シュティレス ヴァッサ）" と言いましょう。

|  |  |
|---|---|
| メニューが欲しいのですが。 | **Ich hätte gerne die Speisekarte.** (イヒ　ヘテ　ゲァネ　ディー　シュパイゼカーテ) |
| ワインメニューが欲しいのですが。 | **Ich hätte gerne die Weinkarte.** (イヒ　ヘテ　ゲァネ　ディー　ヴァインカーテ) |
| 領収書が欲しいのですが。 | **Ich hätte gerne eine Quittung.** (イヒ　ヘテ　ゲァネ　アイネ　クヴィトゥン) |
| 新しいタオルが欲しいのですが。 | **Ich hätte gerne ein neues Handtuch.** (イヒ　ヘテ　ゲァネ　アイネ　ノイエス　ハントゥホ) |
| 地下鉄路線図が欲しいのですが。 | **Ich hätte gerne einen U-Bahn-Netz-Plan.** (イヒ　ヘテ　ゲァネ　アイネン　ウーバーン・ネッツプラン) |

## 3 ～したいのですが。
# Ich würde gerne ～．
イヒ　ヴュアデ　ゲァネ

自分がしたいことを相手にやんわり伝えたい時に使う表現です。Ich würde gerne の後に、自分のしたいことを付けます。

### 言ってみましょう

| | |
|---|---|
| テーブルの予約をしたいのですが。 | **Ich würde gerne einen Tisch reservieren.**<br>イヒ　ヴュアデ　ゲァネ　アイネン　ティシュ　レザヴィーレン |
| 予約の取り消しをしたいのですが。 | **Ich würde gerne meine Reservierung stornieren.**<br>イヒ　ヴュアデ　ゲァネ　マイネ　レザヴィールン　シュトァニーレン |
| 日本へ電話をかけたいのですが。 | **Ich würde gerne nach Japan telefonieren.**<br>イヒ　ヴュアデ　ゲァネ　ナハ　ヤーパン　テレフォニーレン |
| チェックインしたいのですが。 | **Ich würde gerne einchecken.**<br>イヒ　ヴュアデ　ゲァネ　アインチェックン |
| インターネットをしたいのですが。 | **Ich würde gerne das Internet benutzen.**<br>イヒ　ヴュアデ　ゲァネ　ダス　インターネット　ベヌッツェン |
| 円をユーロに両替したいのですが。 | **Ich würde gerne Yen in Euro umtauschen.**<br>イヒ　ヴュアデ　ゲァネ　イェン　イン　オイロ　ウムタウシェン |
| 写真を撮りたいのですが。 | **Ich würde gerne fotografieren.**<br>イヒ　ヴュアデ　ゲァネ　フォトグラフィーレン |

# 4 〜してくださいますか。
## Könnten Sie 〜 ?
ケンテン　ズィー

相手に何かして欲しい時に使うていねいな表現です。Könnten Sie の後に、して欲しいことを付け加えます。

### 言ってみましょう

| | |
|---|---|
| 手伝ってくださいますか。 | **Könnten Sie mir helfen?** <br> ケンテン　ズィー　ミァ　ヘルフェン |
| 少し待ってくださいますか。 | **Könnten Sie einen Moment warten?** <br> ケンテン　ズィー　アイネン　モメント　ヴァーテン |
| 貴重品を預かってくださいますか。 | **Könnten Sie die Wertsachen für mich aufbewahren?** <br> ケンテン　ズィー　ディー　ヴェァトザッヘン　フュア　ミヒ　アウフベヴァーレン |
| タクシーを呼んでくださいますか。 | **Könnten Sie mir ein Taxi rufen?** <br> ケンテン　ズィー　ミァ　アイン　タクスィ　ルーフェン |
| 住所を書いてくださいますか。 | **Könnten Sie mir die Adresse aufschreiben?** <br> ケンテン　ズィー　ミァ　ディー　アドレッセ　アウフシュライベン |
| 道を教えてくださいますか。 | **Könnten Sie mir den Weg erklären?** <br> ケンテン　ズィー　ミァ　デーン　ヴェーク　エァクレーレン |
| 私の写真を撮ってくださいますか。 | **Könnten Sie ein Foto von mir machen?** <br> ケンテン　ズィー　アイン　フォト　フォン　ミァ　マッヘン |

## 5 この近くに〜がありますか。
# Gibt es hier in der Nähe 〜?
ギフト　エス　ヒァ　イン　デア　ネーェ

Es gibt 〜で「〜があります」という意味で、Gibt es はその疑問形です。
hier 〜 Nähe の部分は「この近くに」という意味。

### 言ってみましょう

| | |
|---|---|
| 郵便局がありますか。 | **Gibt es hier in der Nähe eine Post?**<br>ギフト　エス　ヒァ　イン　デア　ネーェ　アイネ　ポスト |
| 銀行がありますか。 | **Gibt es hier in der Nähe eine Bank?**<br>ギフト　エス　ヒァ　イン　デア　ネーェ　アイネ　バンク |
| 警察署がありますか。 | **Gibt es hier in der Nähe eine Polizeiwache?**<br>ギフト　エス　ヒァ　イン　デア　ネーェ　アイネ　ポリツァイヴァヘ |
| タバコ屋がありますか。 | **Gibt es hier in der Nähe einen Kiosk?**<br>ギフト　エス　ヒァ　イン　デア　ネーェ　エイネン　キオスク |
| 地下鉄の駅がありますか。 | **Gibt es hier in der Nähe eine U-Bahn-Station?**<br>ギフト　エス　ヒァ　イン　デア　ネーェ　アイネ　ウーバーンスタツィオーン |
| バス停がありますか。 | **Gibt es hier in der Nähe eine Bushaltestelle?**<br>ギフト　エス　ヒァ　イン　デア　ネーェ　アイネ　ブスハルテシュテレ |
| タクシー乗り場がありますか。 | **Gibt es hier in der Nähe einen Taxistand?**<br>ギフト　エス　ヒァ　イン　デア　ネーェ　アイネン　タクスィシュタント |
| お手洗いがありますか。 | **Gibt es hier in der Nähe eine Toilette?**<br>ギフト　エス　ヒァ　イン　デア　ネーェ　アイネ　トイレッテ |

## 6 ～はありますか。
# Haben Sie ～ ?
ハーベン　ズィー

5が施設や設備を探す時に使うのに対し、これは、お店などで、自分の欲しい物がおいてあるかどうかを聞く時に便利な表現です。

### 言ってみましょう

|  |  |
|---|---|
| 絵葉書はありますか。 | **Haben Sie Postkarten?**<br>ハーベン　ズィー　ポストカーテン |

※ドイツでは、たいてい絵ハガキを扱う店でハガキ用の切手も売っています。ドイツ人は旅行のとき家族や友人に絵ハガキを送るのが大好きです。ぜひ気軽に書いてみてください！

| | |
|---|---|
| 切手はありますか。 | **Haben Sie Briefmarken?**<br>ハーベン　ズィー　ブリーフマーケン |
| 町の地図はありますか。 | **Haben Sie einen Stadtplan?**<br>ハーベン　ズィー　アイネン　シュタットプラン |
| もっと大きいサイズはありますか。 | **Haben Sie das eine Nummer größer?**<br>ハーベン　ズィー　ダス　アイネ　ヌマー　グレーサー |
| もっと小さいサイズはありますか。 | **Haben Sie das eine Nummer kleiner?**<br>ハーベン　ズィー　ダス　アイネ　ヌマー　クライナー |
| ザワークラウトはありますか | **Haben Sie Sauerkraut?**<br>ハーベン　ズィー　ザウァクラウト |
| 白ソーセージはありますか | **Haben Sie Weißwurst?**<br>ハーベン　ズィー　ヴァイスヴスト |
| アップルケーキはありますか | **Haben Sie Apfelstrudel?**<br>ハーベン　ズィー　アプフェルシュトルーデル |

## 7 これは〜ですか。
# Ist das 〜?
イスト　ダス

目の前のものについて聞く時の簡単表現です。洋服や靴のサイズを確認したり、素材や品質を聞いたりと、使い方はいろいろです。評価を聞く時にも使える表現です。

### 言ってみましょう

これは地元のものですか。　**Ist das ein regionales Produkt?**
イスト　ダス　アイン　レギオナーレス　プロドゥクト

これはシルクですか。　**Ist das aus Seide?**
イスト　ダス　アウス　ザイデ

これはSサイズですか。　**Ist das Größe S?**
イスト　ダス　グレーセ　エス

これは牛肉ですか。　**Ist das Rindfleisch?**
イスト　ダス　リントフライシュ

これはおいしいですか。　**Ist das lecker?**
イスト　ダス　レッカー

これは甘いですか。　**Ist das süß?**
イスト　ダス　ズュース

これはなんですか。　**Was ist das?**
ヴァス　イスト　ダス

## 8. 〜してもいいですか。
# Kann ich 〜?
カン　イヒ

相手に許可を求める表現です。Kann ich の後に動詞を続けます。

### 言ってみましょう

|  |  |
|---|---|
| (ここで)タバコを吸ってもいいですか? | **Kann ich (hier) rauchen?** カン イヒ ヒァ ラウヘン |
| 入ってもいいですか?※中の人にきく | **Kann ich reinkommen?** カン イヒ ラインコメン |
| 入ってもいいですか。※外できく | **Kann ich reingehen?** カン イヒ ラインゲーェン |
| 見てもいいですか。 | **Kann ich mir das einmal ansehen?** カン イヒ ミァ ダス アインマル アンゼーェン |
| 試着してもいいですか。 | **Kann ich das einmal anprobieren?** カン イヒ ダス アインマル アンプロビーレン |
| (ここで)写真を撮ってもいいですか。 | **Kann ich (hier) fotografieren?** カン イヒ ヒァ フォトグラフィーレン |
| 荷物を置いておいてもいいですか。 | **Kann ich das Gepäck hier abstellen?** カン イヒ ダス ゲペック ヒァ アプシュテレン |
| ここに座ってもいいですか。 | **Kann ich mich hier hinsetzen?** カン イヒ ミヒ ヒァ ヒンゼッツェン |
| 電話を使ってもいいですか。 | **Kann ich das Telefon benutzen?** カン イヒ ダス テレフォーン ベヌツェン |

## ⑨ ～はどこですか。
# Wo ist ～?
ヴォ　イスト

場所を聞くときの簡単表現です。Wo ist の次に、聞きたい施設や建物、売り場などを表す単語を付け加えるだけです。

### 言ってみましょう

|  |  |
|---|---|
| 入口はどこですか。 | **Wo ist der Eingang?** ヴォ イスト デア アインガン |
| 出口はどこですか。 | **Wo ist der Ausgang?** ヴォ イスト デア アウスガン |
| 私の座席はどこですか。 | **Wo ist mein Sitzplatz?** ヴォ イスト マイン ズィッツプラッツ |
| 化粧室はどこですか。 | **Wo ist die Toilette?** ヴォ イスト ディー トイレッテ |
| 中央駅はどこですか。 | **Wo ist der Hauptbahnhof?** ヴォ イスト デア ハウプトバーンホフ |
| 切符売り場はどこですか。 | **Wo ist der Fahrkartenschalter?** ヴォ イスト デア ファーカーテンシャルタ |
| エレベーターはどこですか。 | **Wo ist der Fahrstuhl?** ヴォ イスト デア ファーシュトゥール |
| クロークはどこですか。 | **Wo ist die Garderobe?** ヴォ イスト ディー ガーデローベ |

## 10 何時に〜ですか。
# Um wie viel Uhr 〜 ?

事柄や行動などを何時に行うのかを尋ねるときに使う表現です。

### 言ってみましょう

|  |  |
|---|---|
| 何時に開きますか。 | **Um wie viel Uhr machen Sie auf?** |
| 何時に閉めますか。 | **Um wie viel Uhr machen Sie zu?** |
| 何時に着きますか。 | **Um wie viel Uhr kommen Sie an?** |
| 何時に待ち合わせですか。 | **Um wie viel Uhr treffen wir uns?** |
| バスは何時に出発しますか。 | **Um wie viel Uhr fährt der Bus ab?** |
| 何時にホテルに戻りますか。 | **Um wie viel Uhr kommen Sie ins Hotel zurück?** |
| 何時に始まりますか。 | **Um wie viel Uhr fängt es an?** |
| 何時に終わりますか。 | **Um wie viel Uhr ist es zu Ende?** |

## 15の常用フレーズ　　　CD1-14

基本の10フレーズのほかに覚えておきたい、挨拶や便利な一言です。このまま覚えて実際に使ってみましょう。

| | | |
|---|---|---|
| 1 | おはようございます。 | Guten Morgen.<br>グーテン　モーゲン |
| 2 | こんにちは。 | Guten Tag.<br>グーテン　タ-ク |
| 3 | こんばんは。 | Guten Abend.<br>グーテン　アーベント |
| 4 | さようなら。 | Auf Wiedersehen.<br>アウフ　ヴィーダーゼーェン |
| 5 | ありがとうございます。 | Vielen Dank.<br>フィーレン　ダンク |
| 6 | すみません。 | Entschuldigung.<br>エントシュルディグン |
| 7 | 何とおっしゃいましたか。 | Entschuldigung?<br>エントシュルディグン |
| 8 | わかりません。 | Ich verstehe nicht.<br>イヒ　フェアシュテーェ　ニヒト |
| 9 | もう一度言ってもらえますか。 | Könnten Sie das bitte noch einmal wiederholen?<br>ケンテン　ズィ　ダス　ビテ　ノホ　アインマル　ヴィーダーホーレン |
| 10 | ゆっくり話してもらえますか。 | Könnten Sie bitte ein bisschen langsamer sprechen?<br>ケンテン　ズィ　ビテ　アイン　ビスヒェン　ラングザマー　シュプレッヘン |
| 11 | どうぞ | Bitte.<br>ビテ |

| | | |
|---|---|---|
| **12** | ちょっと待ってください。 | Einen Moment, bitte.<br>アイネン　モメント　ビテ |
| **13** | いくらですか。 | Wie viel kostet das?<br>ヴィ　フィール　コステット　ダス |
| **14** | いくらになりますか。 | Wie viel macht das zusammen?<br>ヴィ　フィール　マハト　ダス　ツザメン |
| **15** | 書いてくださいますか。 | Könnten Sie das bitte aufschreiben?<br>ケンテン　ズィ　ダス　ビテ　アウフシュライベン |

## 定番応答フレーズ 8　　CD1-15

返事や応答でよく使う基本的なフレーズです。

| | | |
|---|---|---|
| **1** | はい。 | Ja.<br>ヤー |
| **2** | いいえ。 | Nein.<br>ナイン |
| **3** | いいえ、（〜です）。 | Nein, es ist 〜.<br>ナイン　エス　イスト |
| **4** | 大丈夫です。 | Okay.<br>オーケー |
| **5** | いいですよ。 | Einverstanden.<br>アインフェァシュタンデン |
| **6** | いいえ、結構です。 | Nein, danke.<br>ナイン　ダンケ |
| **7** | はい、その通りです。 | Ja, genau.<br>ヤー　ゲナウ |
| **8** | どういたしまして。 | Gern geschehen.<br>ゲァン　ゲシェーェン |

# 知っておくと便利な表現

## 1 数字

(CD1-16)

数字は、買い物で値段を聞いたり、また、乗り物の時刻を確認したりなど、旅行で出番の多いものです。

| | | | | |
|---|---|---|---|---|
| 0 | null ヌル | | 11 | elf エルフ |
| 1 | eins アインツ | | 12 | zwölf ツヴェーフ |
| 2 | zwei ツヴァイ | | 13 | dreizehn ドライツェーン |
| 3 | drei ドライ | | | |
| 4 | vier フィア | | | |

※ 日本語と違い、13〜19では十の位を意味する zehn（ツェーン）が最後につきます。1〜10まで覚えてしまえば、11〜20は英語と似ているので、がんばって覚えてみましょう！

| | | | | |
|---|---|---|---|---|
| 5 | fünf フュンフ | | 14 | vierzehn フィアツェーン |
| 6 | sechs ゼクス | | 15 | fünfzehn フュンフツェーン |
| 7 | sieben ズィーベン | | 16 | sechzehn ゼヒツェーン |
| 8 | acht アハト | | 17 | siebzehn ズィープツェーン |
| 9 | neun ノイン | | 18 | achtzehn アハツェーン |
| 10 | zehn ツェーン | | 19 | neunzehn ノインツェーン |

## 知っておくと便利な表現

| 20 | zwanzig |
|---|---|
| | ツヴァンツィヒ |

| 21 | einundzwanzig |
|---|---|
| | アイン・ウント・ツヴァンツィヒ |

※ ここでも日本語とは順番が反対です。たとえば、21を表す「einundzwanzig アイン・ウント・ツヴァンツィヒ」は、1と20、という順番になります。

| 22 | zweiundzwanzig |
|---|---|
| | ツヴァイ・ウント・ツヴァンツィヒ |

| 30 | dreißig |
|---|---|
| | ドライスィヒ |

| 31 | einunddreißig |
|---|---|
| | アイン・ウント・ドライスィヒ |

| 32 | zweiunddreißig |
|---|---|
| | ツヴァイ・ウント・ドライスィヒ |

| 40 | vierzig |
|---|---|
| | フィアツィヒ |

| 50 | fünfzig |
|---|---|
| | フュンフ ツィヒ |

| 60 | sechzig |
|---|---|
| | ゼヒツィヒ |

| 70 | siebzig |
|---|---|
| | ズィープツィヒ |

| 80 | achtzig |
|---|---|
| | アハツィヒ |

| 90 | neunzig |
|---|---|
| | ノインツィヒ |

| 100 | hundert |
|---|---|
| | フンダァト |

| 107 | hundertsieben |
|---|---|
| | フンダァト ズィーベン |

| 200 | zweihundert |
|---|---|
| | ツヴァイフンダァト |

| 500 | fünfhundert |
|---|---|
| | フュンフ フンダァト |

| 1000 | tausend |
|---|---|
| | タゥゼント |

| 1万 | zehntausend |
|---|---|
| | ツェーンタゥゼント |

| 10万 | hunderttausend |
|---|---|
| | フンダァト タゥゼント |

| 100万 | eine Million |
|---|---|
| | アイネ ミリオーン |

## 2 序数詞

建物の階数を言ったり、座席の列数を言ったりする時に「〜番目の」を表す序数詞を使います。

1 番目の；最初の
der [die / das] erste
デァ　ディー　ダス　エァステ

※ドイツ語では序数詞を使うとき必ず次に来る名詞の性の冠詞が必要です。日付の場合は必ず der (デァ)を使います。

2 番目の
der [die / das] zweite
デァ　ディー　ダス　ツヴァイテ

3 番目の
der [die / das] dritte
デァ　ディー　ダス　ドリッテ

4 番目の
der [die / das] vierte
デァ　ディー　ダス　フィアテ

5 番目の
der [die / das] fünfte
デァ　ディー　ダス　フュンフテ

6 番目の
der [die / das] sechste
デァ　ディー　ダス　ゼクステ

7 番目の
der [die / das] siebte
デァ　ディー　ダス　ズィープテ

8 番目の
der [die / das] achte
デァ　ディー　ダス　アハテ

9 番目の
der [die / das] neunte
デァ　ディー　ダス　ノインテ

10 番目の
der [die / das] zehnte
デァ　ディー　ダス　ツェーンテ

11 番目の
der [die / das] elfte
デァ　ディー　ダス　エルフテ

12 番目の
der [die / das] zwölfte
デァ　ディー　ダス　ツヴェーフテ

20 番目の
der [die / das] zwanzigste
デァ　ディー　ダス　ツヴァンツィクステ

## 知っておくと便利な表現

### 3 値段

| | |
|---|---|
| 1ユーロ | ein Euro |
| 5セント | fünf Cent |
| 10ユーロ50セント | zehn Euro fünfzig |
| 1kgあたり3ユーロ | drei Euro pro Kilo |

### 4 疑問詞

| | | | |
|---|---|---|---|
| 何か | was | これは何ですか | Was ist das? |
| 誰か | wer | あの人は誰ですか？ | Wer ist das? |
| なぜか | warum | それはなぜですか？ | Warum? |
| どこか | wo | トイレはどこですか？ | Wo ist die Toilette? |
| どのくらい | wie viel | いくらですか？ | Wie viel kostet das? |
| いつか | wann | いつ出発ですか？ | Wann fährt ~ ab? |

## 5 時刻

- zwölf Uhr (ツヴェーフ ウァ)
- elf Uhr (エルフ ウァ)
- ein Uhr (アイン ウァ)
- zehn Uhr (ツェーン ウァ)
- zwei Uhr (ツヴァイ ウァ)
- neun Uhr (ノイン ウァ)
- drei Uhr (ドライ ウァ)
- acht Uhr (アハト ウァ)
- vier Uhr (フィア ウァ)
- sieben Uhr (ズィーベン ウァ)
- fünf Uhr (フュンフ ウァ)
- sechs Uhr (ゼクス ウァ)

◆商用／公式の時刻表現

| 今、何時ですか。 | Wie viel Uhr ist es?<br>ヴィ フィール ウァ イスト エス |
|---|---|
| 13:00 です。 | Es ist dreizehn Uhr.<br>エス イスト ドライツェーン ウァ |
| 13:10 です。 | Es ist dreizehn Uhr zehn.<br>エス イスト ドライツェーン ウァ ツェーン |
| 13:30 です。 | Es ist dreizehn Uhr dreißig.<br>エス イスト ドライツェーン ウァ ドライスィヒ |
| 13:55 です。 | Es ist dreizehn Uhr fünfundfünfzig.<br>エス イスト ドライツェーン ウァ フュンフ・ウント・フュンフツィヒ |

コンサートは 20 時から 22 時までです。

Das Konzert geht von zwanzig (Uhr) bis zweiundzwanzig Uhr.
ダス コンツェァト ゲェト フォン ツヴァンツィヒ ウァ ビス ツヴァイ・ウント・ツヴァンツィヒ ウァ

# 知っておくと便利な表現

◆日常的な時刻表現

| | |
|---|---|
| 1時ちょうどです。 | Es ist genau ein Uhr. |
| 1時5分です。 | Es ist fünf nach eins. |
| 1時10分です。 | Es ist zehn nach eins. |
| 1時15分です。 | Es ist Viertel nach eins. |
| 1時20分です。 | Es ist zwanzig nach eins. |
| 1時25分です。 | Es ist fünf vor halb zwei. |
| 1時半です。 | Es ist halb zwei. |

※ ドイツ語で「〜時半」と言うときは、「次の時間まで半時間」という表現になります。つまり、「1時半」は halb zwei（2時まで半時間）ですので、聞き取りもご注意ください。nach（ナハ）は「〜後」vor（フォア）は「〜前」を表す前置詞です。

| | |
|---|---|
| 1時35分です。 | Es ist fünf nach halb zwei. |
| 1時40分です。 | Es ist zwanzig vor zwei. |
| 1時45分です。 | Es ist Viertel vor zwei. |
| 1時50分です。 | Es ist zehn vor zwei. |
| 1時55分です。 | Es ist fünf vor zwei. |

## 6 時の表現

|  |  |
|---|---|
| 朝 | der Morgen (デア モーゲン) |
| 午前 | der Vormittag (デア フォアミッターク) |
| 昼 | der Mittag (デア ミッターク) |
| 午後 | der Nachmittag (デア ナハミッターク) |
| 夕方；晩 | der Abend (デア アーベント) |
| 夜 | die Nacht (デア ナハト) |
| 春 | der Frühling (デア フリューリン) |
| 夏 | der Sommer (デア ゾンマ) |
| 秋 | der Herbst (デア ヘァプスト) |
| 冬 | der Winter (デア ヴィンタ) |

### ひとくちメモ 「ドイツの祝日」

ドイツの代表的な祝日について、少し見てみましょう。

- ☐ 1月1日　Neujahr（ノイヤー）　新年
- ☐ 2～3月　Karneval（カーネヴァル）　カーニバル
- ☐ 3～4月　Ostern（オスターン）　イースター（復活祭）
- ☐ 5～6月　Pfingsten（プフィングステン）　ペンテコステ（聖霊降臨節）
- ☐ 10月3日　Tag der Deutschen Einheit（ターク デア ドイチェン アインハイト）　ドイツ統一の日
- ☐ 12月24～26日　Weihnachten（ヴァイナハテン）　クリスマス
- ☐ 12月31日　Silvester（ズィルヴェスタ）　大晦日

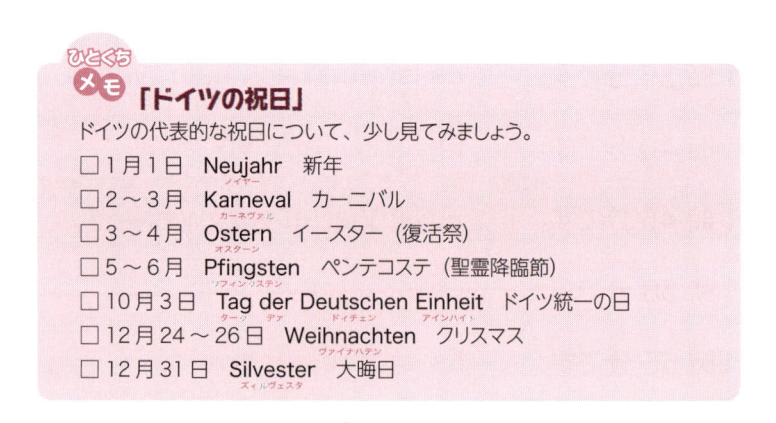

# 知っておくと便利な表現

## 7 時間にまつわる表現

| | |
|---|---|
| 1分 | eine Minute<br>アイネ　ミヌーテ |
| 4分の1時間（15分） | eine Viertelstunde<br>アイネ　フィアテルシュトゥンデ |
| 半時間（30分） | eine halbe Stunde<br>アイネ　ハルベ　シュトゥンデ |
| 1時間 | eine Stunde<br>アイネ　シュトゥンデ |
| 1時間半 | ein einhalb Stunden<br>アイン　アインハルブ　シュトゥンデン |
| 1日 | ein Tag<br>アイン　ターク |
| 1週間 | eine Woche<br>アイネ　ヴォヘ |
| 1ヵ月 | ein Monat<br>アイン　モナート |
| 1年 | ein Jahr<br>アイン　ヤー |
| 早い | früh<br>フリュー |
| 遅い | spät<br>シュペート |

※ドイツでは、ビジネスのアポイントには5分早く到着するのがマナーです。しかし、パーティーに行くときは、開始時刻より少し遅めに到着する方が良いでしょう。

### ひとくちメモ 「時刻の読み方」

商用＆公式の時刻表現は、24時間法を使って数字をそのまま読みます。たとえば午前8:30は acht Uhr dreißig ですが、午後8:30は20:30と表記して zwanzig Uhr dreißig と読みます。一方、日常的な時刻表現では、午前は halb neun morgens、夜は halb neun abends となります。おおむね、午前4時からお昼は morgens（午前）、お昼過ぎから暗くなるまでは nachmittags（午後）、暗くなってから11時前は abends（夕刻）、11時過ぎから4時前は nachts（夜）をつけます。

## 8 位置

| 前 | vorne<br>フォアネ |
| --- | --- |
| 後ろ | hinten<br>ヒンテン |
| 右 | rechts<br>レヒツ |
| 左 | links<br>リンクス |
| 上 | oben<br>オーベン |
| 下 | unten<br>ウンテン |
| 中 | innen / drinnen<br>イネン　　ドリネン |
| 外 | außen / draußen<br>アウセン　　ドラウセン |

## 知っておくと便利な表現

## 9 日付

CD1-24

ドイツ語で年月日を表す時は、日、月、年の順になります。日の前に der をつけます。日付は序数詞を使います。

| | |
|---|---|
| 1月1日 | der erste Januar<br>デァ　エァステ　ヤヌアー |
| 1月2日 | der zweite Januar<br>デァ　ツヴァイテ　ヤヌアー |
| 2016年 | zweitausendsechzehn<br>ツヴァイタウゼントゼヒツェーン |
| 2016年1月1日 | der erste Januar<br>デァ　エァステ　ヤヌアー<br>zweitausendsechzehn<br>ツヴァイタウゼントゼヒツェーン |
| 2月1日に | am ersten Februar<br>アム　エァステン　フェブルア |

※このように副詞句として使うときは3格に変化しますので、序数詞の最後に -n をつけます。

| | |
|---|---|
| 3月12日に | am zwölften März<br>アム　ツヴェルフテン　メァツ |
| 6月30日から<br>7月3日まで | vom dreißigsten Juni bis<br>フォム　ドライスィヒステン　ユニ　ビス<br>zum dritten Juli<br>ツム　ドリッテン　ユリ |

29

## 10 暦の月

| | | | |
|---|---|---|---|
| 1月 | Januar ヤヌアー | 7月 | Juli ユリ |
| 2月 | Februar フェブルアー | 8月 | August アウグスト |
| 3月 | März メァツ | 9月 | September ゼプテムバ |
| 4月 | April アプリル | 10月 | Oktober オクトーバ |
| 5月 | Mai マイ | 11月 | November ノヴェンバ |
| 6月 | Juni ユニ | 12月 | Dezember デツェンバ |

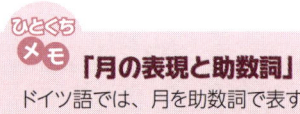

### ひとくちメモ 「月の表現と助数詞」

ドイツ語では、月を助数詞で表すこともあります。

例　1月1日 der erste Januar
　　　　　デァ　エァステ　ヤヌアー
　　　⇒ der erste Erste
　　　　　デァ　エァステ　エァステ
　3月4日 der vierte März
　　　　　デァ　フィアテ　メァツ
　　　⇒ der vierte Dritte
　　　　　デァ　フィアテ　ドリッテ

知っておくと便利な表現

## 11 曜日

| 月曜日 | Montag<br><sub>モンターク</sub> | 省略形：Mo |
| --- | --- | --- |

※ドイツ語では、曜日の省略形は最初の2文字で表します。

| 火曜日 | Dienstag<br><sub>ディーンスターク</sub> | 省略形：Di |
| --- | --- | --- |
| 水曜日 | Mittwoch<br><sub>ミットヴォホ</sub> | 省略形：Mi |
| 木曜日 | Donnerstag<br><sub>ドナースターク</sub> | 省略形：Do |
| 金曜日 | Freitag<br><sub>フライターク</sub> | 省略形：Fr |
| 土曜日 | Samstag<br><sub>ザムスターク</sub> | 省略形：Sa |
| 日曜日 | Sonntag<br><sub>ゾンターク</sub> | 省略形：So |

# 知っておくと便利な表現

## 12 その他の時の表現

| | | | |
|---|---|---|---|
| 今 | jetzt<br>イェツト | 今月 | diesen Monat<br>ディーゼン　モナート |
| 今日 | heute<br>ホイテ | 先月 | letzten Monat<br>レツテン　モナート |
| 昨日 | gestern<br>ゲスタァン | 来月 | nächsten Monat<br>ネヒステン　モナート |
| 明日 | morgen<br>モーゲン | 今年 | dieses Jahr<br>ディーゼス　ヤー |
| 今週 | diese Woche<br>ディーゼ　ヴォヘ | 去年 | letztes Jahr<br>レツテス　ヤー |
| 先週 | letzte Woche<br>レツテ　ヴォヘ | 来年 | nächstes Jahr<br>ネヒステス　ヤー |
| 来週 | nächste Woche<br>ネヒステ　ヴォヘ | | |

| 〜前 | vor 〜 / 〜 vorher<br>フォア　　　　フォアヘァ |
|---|---|

※〜前／〜後に vor（フォア）と in（イン）を使うのは、現在の時点から見て前か後かを言うときです。過去の話の中では vorher（フォアヘァ）と nach（ナハ）を使います（話の過去の時点より前か後か）。

| 10年前 | vor zehn Jahren / zehn Jahre vorher<br>フォア　ツェーン　ヤーレン　　ツェーン　ヤーレ　フォアヘァ |
|---|---|
| 〜後 | in 〜 / nach 〜<br>イン　　　ナハ |
| 10年後 | in zehn Jahren / nach zehn Jahren<br>イン　ツェーン　ヤーレン　　ナハ　ツェーン　ヤーレン |

場面別会話編

# 機内・空港

旅の始まりは機内でのコミュニケーションから。飲み物の注文などをドイツ語でしてみましょう。気分は早くもドイツの地に飛んで行きますね。

# ✈ ≫ 機内で

### 場所を聞く
CD1-28

**① （搭乗券を見せながら）私の席はどこですか。**

# Wo ist mein Platz?
ヴォ　イスト　マイン　プラッツ

| 言い換え | | |
|---|---|---|
| | お手洗い | **die Toilette** <br> ディー　トイレッテ |
| | 非常口 | **der Notausgang** <br> デア　ノートアウスガン |

### 乗務員に用事を頼む

**② 毛布をいただけますか。**

# Ich hätte gerne eine Decke.
イヒ　ヘテ　ゲァネ　アイネ　デッケ

| 言い換え | | |
|---|---|---|
| | 日本の新聞 | **eine japanische Zeitung** <br> アイネ　ヤパーニッシェ　ツァイトゥン |
| | 日本の雑誌 | **eine japanische Zeitschrift** <br> アイネ　ジャパーニッシェ　ツァイトシュリフト |
| | 枕 | **ein Kissen** <br> アイン　キッセン |
| | イヤホン | **Kopfhörer** <br> コプフヘーラ |
| | 税関申告書 | **eine Zollerklärungskarte** <br> アイネ　ツォルエァクレールンクスカーテ |

## 機内で

### 機内食を頼む

**3 魚をお願いします。**
# Den Fisch, bitte.
デーン　フィシュ　ビテ

| 言い換え | | |
|---|---|---|
| 牛肉 | **Das Rindfleisch** ダス リントフライシュ |
| 鶏肉 | **Das Hähnchen** ダス ヘーンヒェン |
| 豚肉 | **Das Schweinefleisch** ダス シュヴァインフライシュ |
| 和食 | **Das japanische Gericht** ダス ヤパーニッシェ ゲリヒト |
| パスタ | **Die Nudeln** ディー ヌーデルン |
| スープ | **Die Suppe** ディー ズッペ |
| アイスクリーム | **Das Eis** ダス アイス |
| 子ども向け機内食 | **Das Kindergericht** ダス キンダーゲリヒト |

### ひとくちメモ 「機内食について」

航空会社では、健康上の理由等で通常の機内食が食べられない乗客の為に、特別食を用意しています。ベジタリアン食（vegetarische Gerichte）、低カロリー食（kalorienarme Gerichte）、減塩食（salzarme Gerichte）、無グルテン食（glutenfreie Gerichte）などがありますが、このような特別食は通常、48時間前までの事前予約が必要です。

飲み物を頼む　　　　　　　　　　　　　　　　　　CD1-29

## ④ 赤ワインをください。
# Einen Rotwein, bitte.
アイネン　　ロートヴァイン　　ビテ

**言い換え**

| | |
|---|---|
| 白ワイン | **Einen Weißwein** <br> アイネン　ヴァイスヴァイン |
| ビール | **Ein Bier** <br> アイン　ビア |
| シャンパン | **Einen Champagner** <br> アイネン　シャンパニャー |
| オレンジジュース | **Einen Orangensaft** <br> アイネン　オランジェンザフト |
| コーヒー | **Einen Kaffee** <br> アイネン　カフェー |
| 紅茶 | **Einen schwarzen Tee** <br> アイネン　シュヴァァツェン　テー |
| 緑茶 | **Einen grünen Tee** <br> アイネン　グリューネン　テー |
| コーラ | **Eine Cola** <br> アイネ　コーラ |
| ミネラルウォーター | **Ein Mineralwasser** <br> アイネ　ミネラルヴァサ |
| トマトジュース | **Einen Tomatensaft** <br> アイネン　トマーテンザフト |
| もう1杯 | **Noch ein Glas** <br> ノホ　アイン　グラース |

### ひとくちメモ「男性名詞の"注意点"」

多くの飲み物が男性名詞です。注文するときは「～を」を表す4格（目的格）に変化しますが、男性名詞では冠詞の語尾に注意してください。

　例　1格（主格）ein Rotwein
　　　　　　　　　アイン　ロートヴァイン
　　⇒4格（目的格）einen Rotwein
　　　　　　　　　アイネン　ロートヴァイン

## 機内で

### 機内で使う 定番フレーズ　　CD1-30

- 席を替えることはできますか。　Kann ich mich woanders hinsetzen?
- 荷物入れにもう場所がありません。　Es ist kein Platz im Gepäckfach.
- 寒いです。　Mir ist kalt.
- 毛布をもう1枚ください。　Ich hätte gerne noch eine Decke.
- 枕をもう1つください。　Ich hätte gerne noch ein Kissen.
- 気分が良くないのですが。　Ich fühle mich nicht gut.
- 頭が痛いです。　Mein Kopf tut weh.
- スクリーンの調子が悪いです。　Der Bildschirm funktioniert nicht richtig.
- ヘッドフォンの調子が悪いです。　Die Kopfhörer funktionieren nicht richtig.
- 読書灯の調子が悪いです。　Die Leselampe funktioniert nicht richtig.
- リモコンの調子が悪いです。　Die Fernbedienung funktioniert nicht richtig.
- ワインをこぼしてしまいました。　Ich habe leider den Wein verschüttet.
- どうしてもお手洗いに行きたいのですが。　Ich muss auf die Toilette.
- 座席を倒してもいいですか。　Kann ich meine Lehne zurückstellen?
- すみません（通していただけますか）。　Entschuldigung.

● 機内の単語

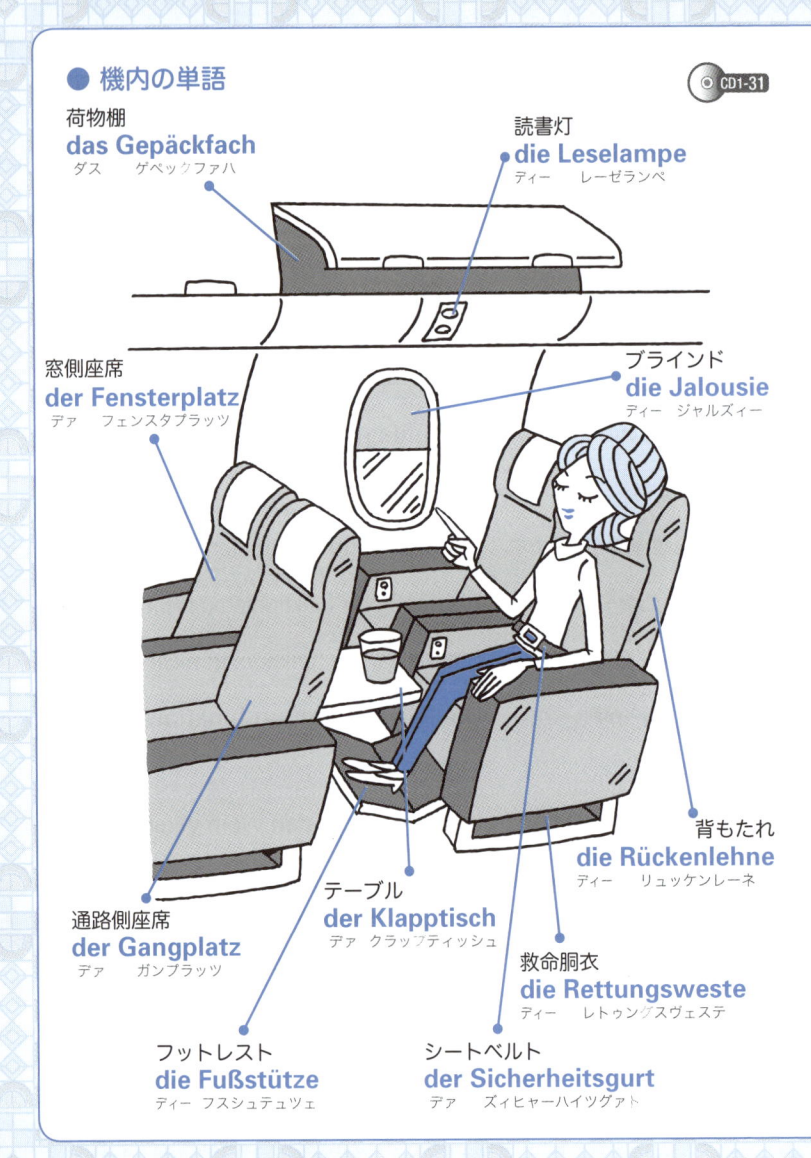

荷物棚
**das Gepäckfach**
ダス　ゲペックファハ

読書灯
**die Leselampe**
ディー　レーゼランペ

窓側座席
**der Fensterplatz**
デア　フェンスタプラッツ

ブラインド
**die Jalousie**
ディー　ジャルズィー

背もたれ
**die Rückenlehne**
ディー　リュッケンレーネ

通路側座席
**der Gangplatz**
デア　ガンプラッツ

テーブル
**der Klapptisch**
デア　クラップティッシュ

救命胴衣
**die Rettungsweste**
ディー　レトゥングスヴェステ

フットレスト
**die Fußstütze**
ディー　フスシュテュツェ

シートベルト
**der Sicherheitsgurt**
デア　ズィヒャーハイツグァト

## ✈ 到着空港で

### 入国審査

(CD1-32)

**① 観光**のために来ました。(入国目的を問われた時の答え)
**Ich bin hier, um Urlaub zu machen.**
イヒ　ビン　ヒァ　ウム　ウァラウプ　ツー　マッヘン

言い換え

| 仕事 | **um zu arbeiten**<br>ウム　ツー　アァバイテン |
| --- | --- |
| 留学 | **um zu studieren**<br>ウム　ツー　シュトゥディーレン |
| 友人に会う | **um Freunde zu besuchen**<br>ウム　フロインデ　ツー　ベズヘン |

**② 1週間**です。(滞在期間を問われた時の答え)
**Eine Woche.**
アイネ　ヴォヘ

言い換え

| 3日間です | **Drei Tage**<br>ドライ　ターゲ |
| --- | --- |
| 10日間です | **Zehn Tage**<br>ツェーン　ターゲ |
| 2週間です | **Zwei Wochen**<br>ツヴァイ　ヴォッヘン |
| ひと月です | **Einen Monat**<br>アイネン　モナート |
| 2カ月です | **Zwei Monate**<br>ツヴァイ　モナーテ |

## ③ ホテル・オイローパに泊まります。
### Ich wohne im Hotel Europa.
イヒ　ヴォネ　イム　ホテル　オイローパ

**言い換え**

| | |
|---|---|
| アドロンホテルです | **im Hotel Adlon** イム　ホテル　アドロン |
| 大学の寮です | **im Studentenwohnheim** イム　シュトゥデンテンヴォンハイム |
| 友人の家です | **bei Freunden** バイ　フロインデン |
| 親戚の家です | **bei Verwandten** バイ　フェアヴァンテン |

## ④ 私は**公務員**です。（職業を問われた時の答え）
### Ich bin Beamter（男性）/ Beamtin（女性）.
イヒ　ビン　ベアムタ　　　　　ベアムティン

**言い換え**

| | |
|---|---|
| 会社員 | **Angestellter / Angestellte** アンゲシュテルタ　アンゲシュテルテ |
| 学生 | **Student / Studentin** シュトゥデント　シュトゥデンティン |
| 専業主夫［主婦］ | **Hausmann / Hausfrau** ハウスマン　ハウスフラウ |
| 教師 | **Professor / Professorin** プロフェッソア　プロフェッソーリン |
| 定年退職者 | **Rentner / Rentnerin** レントナ　レントネリン |

## 到着空港で

### 荷物の受け取り

⑤ **荷物サービス**はどこですか。
# Wo ist die Gepäckausgabe?
ヴォ　イスト　ディー　　　　　　ゲベックアウスガーベ

言い換え

| LH711便のターンテーブル | **das Gepäckband für den Flug LH711**<br>ダス　ゲベックバント　フュア<br>デーン　フルーク　エルハー ズィーベンアインツアインツ |
| --- | --- |
| 紛失手荷物の窓口 | **der Schalter für verlorene Gepäckstücke**<br>デア　シャルタ　フュア<br>フェァローレネ　ゲベックシュトゥッケ |
| カート | **ein Gepäckwagen**<br>アイン　ゲベックヴァーゲン |

### ひとくちメモ

#### 「職業名の女性形」

職業名の女性形を作るには、ほとんどの場合、男性系の単語の語尾に"in"がつきます。ただし Angestellter（会社員）は語尾の"r"を取るだけです。
アンゲシュテルタ

#### 「手荷物が見つからなかったら」

出発空港で預けた手荷物がターンテーブルから出てこなかった場合には、紛失手荷物の窓口に行って手続きをします。チェックインの際に渡された手荷物の預かり証（der Gepäckschein）を提示し、色、形、サイズなどを具体的に説明しましょう。そして、手荷物が空港に到着次第、連絡をもらえるように、ホテル名など滞在先を伝えておきます。荷物が手許に届くまで日数がかかることがあります。着替えや日常の必需品は、機内持ち込みの荷物に入れておくと安心です。

紛失手荷物の窓口で

## ⑥ ケースは**黒**です。
# Der Koffer ist schwarz.
デア　　コファ　　イスト　　シュヴァァツ

---

言い換え

| 青 | **blau** ブラウ |
| シルバー | **silbern** ズィルバーン |
| 赤 | **rot** ロート |
| 大きい | **groß** グロース |
| 中くらい | **mittelgroß** ミッテルグロース |
| 小さい | **klein** クライン |
| 革製 | **aus Leder** アウス　レーダ |
| 布製 | **aus Stoff** アウス　シュトフ |
| ハードケース | **ein Hartschalenkoffer** アイン　ハァトシャーレンコファ |

### ひとくちメモ 「形容詞を変化させない」

ドイツ語で形容詞を使いたい場合、初学者の方は上記のような文型を使えば、形容詞を変化させなくて済みます。形容詞の限定用法（"青いスーツケース"のような形）では、形容詞の語尾を名詞の性、単数・複数、格変化に応じて変化させなくてはいけません。

到着空港で

### 税関審査

**7** **ウィスキーを1本**持っています。（申告についての問いに対する答え）

# Ich habe eine Flasche Whisky.
イヒ　　ハーベ　　アイネ　　　フラッシェ　　　ウィスキー

言い換え

| タバコ1カートン | **eine Stange Zigaretten**<br>アイネ　シュタンゲ　ツィガレッテン |
| ワイン2本 | **zwei Flaschen Wein**<br>ツヴァイ　フラッシェン　ヴァイン |
| 日本酒1本 | **eine Flasche Sake**<br>アイネ　フラッシェ　サケ |
| 50万円 | **fünfhunderttausend Yen**<br>フュンフフンデァタウゼント　イェン |

**8** **身の回りのもの**です。（持ち物についての問いに対する答え）

# Das sind persönliche Sachen.
ダス　ズィント　　ペァゾーンリッヒェ　　　ザッヘン

言い換え

| 友達へのお土産 | **Geschenke für meine Freunde**<br>ゲシェンケ　フュア　マイネ　フロインデ |
| 日本のお菓子 | **japanische Süßigkeiten**<br>ヤパーニッシェ　ズースィヒカイテン |
| 常備薬 | **Medikamente**<br>メディカメンテ |
| 化粧品 | **Kosmetikartikel**<br>コスメティークァアティケル |

### 通貨を両替する

#### ⑨ **両替所**はどこですか。
**Wo ist die Wechselstube?**
ヴォ イスト ディー ヴェクセルシュトゥーベ

| 言い換え | | |
|---|---|---|
| | 銀行 | **die Bank**<br>ディー バンク |

#### ⑩ **ユーロ**に換えてください。
**Ich hätte gerne Euro.**
イヒ ヘテ ゲァネ オイロ

| 言い換え | | |
|---|---|---|
| | 日本円 | **Yen**<br>イェン |
| | 現金 | **Bargeld**<br>バァゲルト |

#### ⑪ **領収書**をください。
**Ich hätte gerne eine Quittung.**
イヒ ヘテ ゲァネ アイネ クヴィトゥン

| 言い換え | | |
|---|---|---|
| | 小銭 | **Münzen**<br>ミュンツェン |
| | 10ユーロ札 | **Zehn-Euro-Scheine**<br>ツェーン オイロ シャイネ |

## 到着空港で

### ● 空港の単語

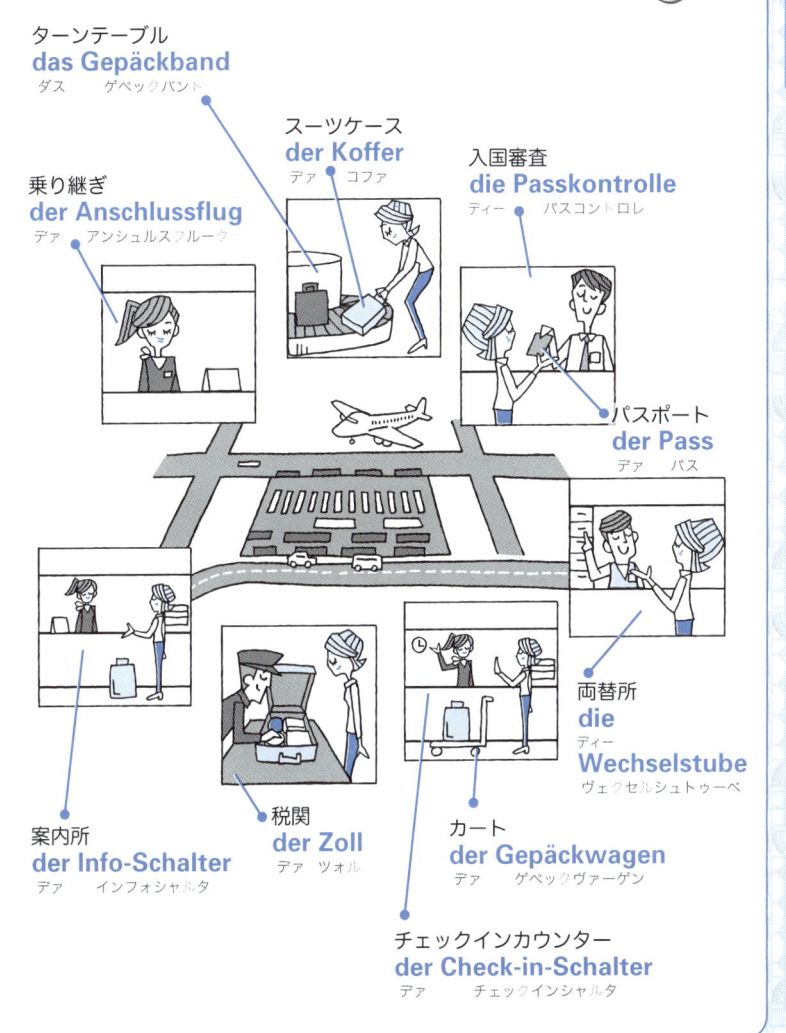

🎧 CD1-36

ターンテーブル
**das Gepäckband**
ダス　ゲペックバント

スーツケース
**der Koffer**
デァ　コファ

入国審査
**die Passkontrolle**
ティー　パスコントロレ

乗り継ぎ
**der Anschlussflug**
デァ　アンシュルスフルーク

パスポート
**der Pass**
デァ　パス

両替所
**die Wechselstube**
ティー　ヴェクセルシュトゥーベ

案内所
**der Info-Schalter**
デァ　インフォシャルタ

税関
**der Zoll**
デァ　ツォル

カート
**der Gepäckwagen**
デァ　ゲペックヴァーゲン

チェックインカウンター
**der Check-in-Schalter**
デァ　チェックインシャルタ

機内・空港

45

## ✈ 空港から市内へ

交通機関の場所を聞く

### 1. タクシー乗り場はどこですか。
# Wo ist der Taxistand?
ヴォ　イスト　デア　タクスィシュタント

言い換え

| バス乗り場 | **die Bushaltestelle** |
| | ディー　ブスハルテシュテレ |
| シャトルバス乗り場 | **die Haltestelle der Shuttle-Busse** |
| | ディー　ハルテシュテレ　デア　シャトルブッセ |
| ICEの駅 | **die ICE-Haltestelle** |
| | ディー　イーツェーエー　ハルテシュテレ |
| レンタカーのカウンター | **der Leihwagen-Schalter** |
| | デア　ライーヴァーゲン　シャルタ |

### 2. 中央駅へはどう行けばいいですか。
# Wie komme ich zum Hauptbahnhof?
ヴィー　コメ　イヒ　ツム　ハウプトバーンホフ

言い換え

| 街の中心 | **ins Zentrum** |
| | インツ　ツェントルム |
| ブランデンブルク門 | **zum Brandenburger Tor** |
| | ツム　ブランデンブァガ　トァ |
| このホテル | **zu diesem Hotel** |
| | ツー　ディーゼム　ホテル |
| 展示会場 | **zum Messegelände** |
| | ツム　メッセゲレンデ |

## 空港から市内へ

### タクシーの運転手に頼む

**③ トランクを開けて**いただけますか。
# Könnten Sie bitte den Kofferraum aufmachen?
ケンテン　ズィー　ビテ　デーン　コファーラウム　アウフマッヘン

| 言い換え | | |
|---|---|---|
| もっとゆっくり走って | **langsamer fahren** | ランザマー　ファーレン |
| 荷物を積んで | **das Gepäck einladen** | ダス　ゲペック　アインラーデン |
| こちらの方(方向)に行って | **hier entlang fahren** | ヒア　エントラン　ファーレン |
| ここで停めて | **hier anhalten** | ヒア　アンハルテン |

### ひとくちメモ 「ドイツタクシー基礎知識」

ドイツには、流しのタクシーはあまりいません。タクシー乗り場で乗り込むときは、ドアは手動なので自分で開閉します。料金の計算方法は日本と同じで、初乗りの後、距離に応じて上がっていきます。

## タクシーの 定番フレーズ　　CD1-38

- いくらくらいになりますか。　**Wie viel kostet das ungefähr?**
  ヴィー フィール コステット ダス ウンゲフェア

- 4人乗れますか。　**Können wir zu viert mitfahren?**
  ケンネン ヴィア ツー フィアト ミットファーレン

- この住所に行ってください。　**Zu dieser Adresse, bitte.**
  ツー ディーザー アドレッセ ビテ

- 渋滞ですか。　**Gibt es Stau?**
  ギプト エス シュタウ

- いくらですか。　**Wie viel macht das?**
  ヴィー フィール マハト ダス

- ありがとう。おつりはとっておいてください。
  **Danke, stimmt so.**
  ダンケ シュティムト ゾー

### ひとくちメモ 「タクシーの支払い」

　タクシーの支払いは、端数を切り上げた金額で支払うのが普通です。チップは2ユーロくらいまでが妥当です。

　おつりの小銭を受け取りたくないときは、"**Danke, stimmt so.**"と言います。

　ちょうどよい金額のユーロがないときは、チップ込みで支払いたい金額を伝えます。たとえば、タクシー料金が23.6ユーロで、30ユーロ渡したら"**25 Euro, bitte.**"と言いましょう。そうすれば、5ユーロ戻ってきます。
フュンフ ウント ツヴァンツィヒ　オイロ　ビテ

場面別会話編

# 宿　泊

アドロンやヒルトンなどのホテルでは、たいてい英語が通じますが、日本語専門のスタッフがいるホテルというのはほとんどありません。地方では、英語も通じないことがよくあります。このコーナーの単語やフレーズを使って、用件をドイツ語で伝えましょう。

## >> 問い合わせ

### 客室のタイプ

**① ツインルームをお願いします。**
**Ich hätte gerne ein Zwei-Bett-Zimmer.**
イヒ　ヘテ　ゲァネ　アイン　ツヴァイベットツィマ

| | | |
|---|---|---|
| 言い換え | シングルルーム | **ein Einzelzimmer** アイン　アインツェルツィマ |
| | ダブルルーム | **ein Doppelzimmer** アイン　ドッペルツィマ |

※ドイツのダブルベッドは日本の物より幅が広く、通常幅が2メートルあります。

| | |
|---|---|
| トリプルルーム | **ein Drei-Bett-Zimmer** アイン　ドライベットツィマ |
| 禁煙ルーム | **ein Nichtraucher-Zimmer** アイン　ニヒトラウハーツィマ |
| 喫煙ルーム | **ein Raucher-Zimmer** アイン　ラウハーツィマ |
| 町が見える部屋 | **ein Zimmer mit Stadtblick** アイン　ツィマ　ミット　シュタットブリック |
| 海が見える部屋 | **ein Zimmer mit Meerblick** アイン　ツィマ　ミット　メーアブリック |
| 静かな部屋 | **ein ruhiges Zimmer** アイン　ルーイゲス　ツィマ |
| バス付きの部屋 | **ein Zimmer mit Bad** アイン　ツィマ　ミット　バート |
| シャワー付きの部屋 | **ein Zimmer mit Dusche** アイン　ツィマ　ミット　ドゥシェ |
| ベランダ付きの部屋 | **ein Zimmer mit Balkon** アイン　ツィマ　ミット　バルコーン |
| 一番安い部屋 | **ein möglichst preiswertes Zimmer** アイン　メークリヒスト　プライスヴェァテス　ツィマ |

問い合わせ

### 料金を聞く

**② 一泊あたりいくらですか。**
# Wie viel kostet eine Übernachtung?
ヴィ フィール コステット アイネ ユーバーナハトゥン

| 言い換え | | |
|---|---|---|
| | エキストラベッド | **ein Extra-Bett** <br> アイン エクトラベット |
| | 朝食 | **das Frühstück** <br> ダス フリューシュテュック |

### ひとくちメモ 「チップについて」

ドイツではチップは必須ではありませんが、慣習として渡します。簡易ホテルでは、荷物を運んでもらう、ルームサービス、客室清掃などとして1ユーロで良いですが、高級ホテルでは2ユーロ以上が好ましいです。客室清掃のチップは宿泊最終日に枕の上に置きますが、長期滞在の場合は、途中で適宜置いても良いでしょう。

## 施設の有無を聞く

### ③ スパはありますか。
# Gibt es hier einen Spa-Bereich?
ギプト エス ヒァ アイネン スパベライヒ

**言い換え**

| | |
|---|---|
| プール | **ein Schwimmbad** <br> アイン シュヴィムバート |
| トレーニングジム | **einen Fitness-Raum** <br> アイネン フィットネスラウム |
| マッサージルーム | **einen Massage-Salon** <br> アイネン マサージェザロン |
| エステ | **ein Kosmetikstudio** <br> アイン コスメティークシュトゥーディオ |
| サウナ | **eine Sauna** <br> アイネ ザウナ |
| レストラン | **ein Restaurant** <br> アイン レストロン |
| カフェ | **ein Café** <br> アイン カフェー |
| バー | **eine Bar** <br> アイネ バァ |
| 会議室 | **einen Versammlungsraum** <br> アイネン フェアザムルンクスラウム |

問い合わせ

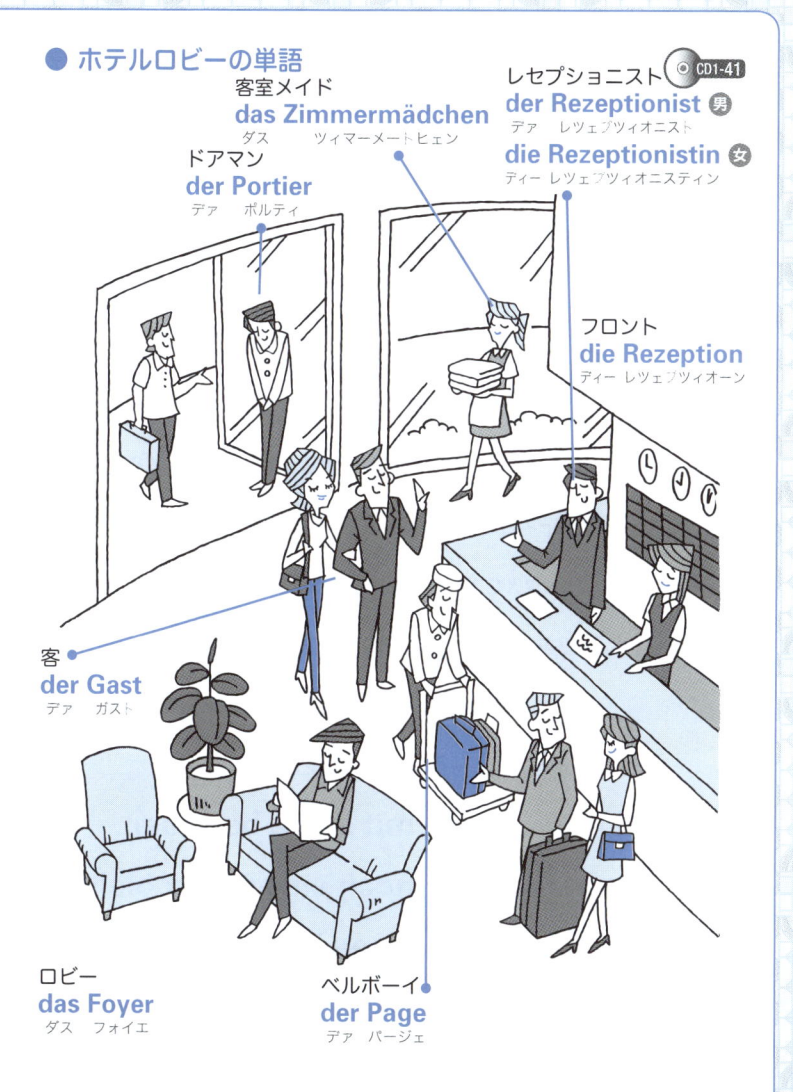

● ホテルロビーの単語

客室メイド
**das Zimmermädchen**
ダス　ツィマーメートヒェン

ドアマン
**der Portier**
デア　ポルティ

レセプショニスト CD1-41
**der Rezeptionist** 男
デア　レツェプツィオニスト
**die Rezeptionistin** 女
ディー　レツェプツィオニスティン

フロント
**die Rezeption**
ディー　レツェプツィオーン

客
**der Gast**
デア　ガスト

ロビー
**das Foyer**
ダス　フォイエ

ベルボーイ
**der Page**
デア　パージェ

53

## 🏨 » フロントで

### 希望を伝える　　　　　　　　　　　　　　　　　　　CD1-42

**① チェックイン**をしたいのですが。
# Ich würde gerne einchecken.
イヒ　　ヴュアデ　　ゲァネ　　　　アインチェックン

**言い換え**

| | |
|---|---|
| チェックアウトをする | **auschecken** アウスチェックン |
| 予約をする | **ein Zimmer reservieren** アイン　ツィマー　レザヴィーレン |
| キャンセルする | **meine Reservierung stornieren** マイネ　レザヴィールン　シュトァニーレン |
| インターネットを使う | **das Internet benutzen** ダス　インターネット　ベヌッツェン |
| ファックスを送る | **ein Fax schicken** アイン　ファクス　シッケン |
| 部屋を替える | **das Zimmer wechseln** ダス　ツィマー　ヴェクセルン |
| 日本に電話をする | **nach Japan telefonieren** ナハ　ヤーパン　テレフォニーレン |
| 現金で支払う | **bar bezahlen** バァ　ベツァーレン |
| クレジットで支払う | **mit Karte bezahlen** ミット　カーテ　ベツァーレン |
| もう1泊する | **noch eine Nacht bleiben** ノホ　アイネ　ナハト　ブライベン |
| 予定より1日早く発つ | **einen Tag früher abreisen** アイネン　ターク　フリューアー　アプライゼン |
| 荷物を預ける | **mein Gepäck hierlassen** マイン　ゲペック　ヒァラッセン |

54

フロントで

## ② 鍵をいただけますか。
### Könnten Sie mir meinen Schlüssel geben?
ケンテン　ズィー　ミア　マイネン　シュリュッセル　ゲーベン

**言い換え**

|  |  |
|---|---|
| パンフレット | eine Broschüre<br>アイネ　ブロシューレ |
| 市街地図 | einen Stadtplan<br>アイネン　シュタットプラーン |
| 領収書 | eine Quittung<br>アイネ　クヴィットゥン |
| 名刺 | Ihre Visitenkarte<br>イーレ　ヴィズィテンカーテ |

## ③ 部屋に付けてもらえますか。
### Könnten Sie das auf meine Rechnung setzen?
ケンテン　ズィー　ダス　アウフ　マイネ　レヒヌン　ゼッツェン

**言い換え**

|  |  |
|---|---|
| 荷物を預かって | mein Gepäck beaufsichtigen<br>マイン　ゲペック　ベアウフズィヒティゲン |
| タクシーを呼んで | mir ein Taxi rufen<br>ミア　アイン　タクスィ　ルーフェン |

### 館内設備の場所を聞く

## ④ レストランはどこですか。
# Wo ist das Restaurant?
ヴォ　イスト　ダス　　　　レストロン

| | | |
|---|---|---|
| 言い換え | エレベーター | **der Fahrstuhl**<br>デア　ファアシュトゥール |
| | サウナ | **die Sauna**<br>ディー　ザウナ |
| | バー | **die Bar**<br>ディー　バァ |
| | プール | **das Schwimmbad**<br>ダス　シュヴィムバート |
| | スパ | **der Spa-Bereich**<br>デア　スパベライヒ |
| | ジム | **der Fitness-Raum**<br>デア　フィットネスラウム |
| | テラス | **die Terrasse**<br>ディー　テラッセ |
| | 会議室 | **der Versammlungsraum**<br>デア　フェアザムルングスラウム |
| | 土産物屋 | **der Souvenirladen**<br>デア　スーヴェニアーラーデン |
| | お手洗い | **die Toilette**<br>ディー　トイレッテ |

## フロントで／部屋で

### 🏢 » 部屋で

**使いたいと伝える**　　　　　　　　　　　　　　　　　　　🎧 CD1-44

**① アイロンを使いたいのですが。**
**Ich hätte gern ein Bügeleisen.**
イヒ　ヘテ　ゲァネ　アイン　ビューゲルアイゼン

**言い換え**

|  |  |
|---|---|
| ドライヤー | **einen Fön** アイネン フェーン |
| 体温計 | **ein Fieberthermometer** アイン フィーバーテァモミタ |
| プラグの変換 | **einen Adapter** アイネン アダプタ |
| 湯沸かしポット | **einen Wasserkocher** アイネン ヴァッサコッハー |

欲しいと伝える

## ② タオルをもう一枚ください。
### Ich hätte gerne noch ein Handtuch.
イヒ　ヘテ　ゲァネ　ノホ　アイン　ハントゥーホ

| 言い換え | | |
|---|---|---|
| 毛布をもう1枚 | **eine Decke** <br> アイネ　デッケ |
| シーツをもう1枚 | **ein Bettlaken** <br> アイン　ベットラーケン |
| シャンプー | **Shampoo** <br> シャンプー |
| リンス | **Haarspülung** <br> ハァシュピュールン |
| 石けん | **Seife** <br> ザイフェ |
| トイレットペーパー | **Toilettenpapier** <br> トイレッテンパピァ |
| 便せん | **Schreibpapier** <br> シュライブパピァ |
| 封筒 | **Briefumschläge** <br> ブリーフウムシュレーゲ |

### ひとくちメモ 「簡易ホテルの注意点」

ドイツの簡易ホテルでは、シャンプー、リンス、ボディソープが自由に使えないことがあります。事前に情報を入手して、必要な物は持参しましょう。

## 🍴 >> 朝食

[朝食を注文する]

### ① 白パンを2つください。
### Zwei Brötchen, bitte.
ツヴァイ　ブレートヒェン　ビテ

| | | |
|---|---|---|
| 言い換え | コーヒー | **Einen Kaffee**<br>アイネン　カフェー |
| | 紅茶 | **Einen Tee**<br>アイネン　テー |
| | 牛乳 | **Eine Milch**<br>アイネ　ミルヒ |
| | オレンジジュース | **Einen Orangensaft**<br>アイネン　オランジェンザフト |
| | ヨーグルト | **Einen Joghurt**<br>アイネン　ヨーグァト |
| | シリアル | **Einmal Müsli**<br>アインマル　ミューズリ |
| | ゆで卵 | **Ein Frühstücksei**<br>アイン　フリューシュテュクスアイ |
| | 半熟卵 | **Ein weichgekochtes Ei**<br>アイン　ヴァイヒゲコホテス　アイ |
| | かたゆで卵 | **Ein hartgekochtes Ei**<br>アイン　ハァトゲコホテス　アイ |
| | スクランブルエッグ | **Einmal Rührei**<br>アインマル　リューァアイ |

### ひとくちメモ 「ゆで卵」

ドイツのゆで卵は殻付きのままエッグカップに入って出てきます。食べる時は、それをテーブルで叩くか、カップに入れたままナイフで叩いて殻を割ります。だいたい1/3ほど割れたらスプーンですくって食べます。

## ● ホテルの部屋の単語

エアコン
**die Klimaanlage**
ディー クリマアンラーゲ

テレビ
**der Fernseher**
デア フェアンゼーア

テーブル
**der Tisch**
デア ティシュ

ヒーター
**die Heizung**
ディー ハイツン

椅子
**der Stuhl**
デア シュトゥール

カーテン
**die Vorhänge**
ディー フォアヘンゲ

有料チャンネル
**das Pay-TV**
ダス ペイティーヴィー

シーツ
**das Bettlaken**
ダス ベットラーケン

枕
**das Kissen**
ダス キッセン

ソファー
**das Sofa**
ダス ゾーファ

ベッド
**das Bett**
ダス ベット

コンセント
**die Steckdose**
ディー シュテックドーゼ

毛布
**die Decke**
ディー デッケ

アイロン
**das Bügeleisen**
ダス ビューゲルアイゼン

照明器具
**die Lampe**
ディー ランペ

ミニバー
**die Minibar**
ディー ミニバァ

リモコン
**die Fernbedienung**
ディー フェアンベディーヌン

セーフティーボックス
**der Safe**
デア セイフ

目覚まし時計
**der Wecker**
デア ヴェッカ

クローゼット
**der Kleiderschrank**
デア クライダーシュランク

電球
**die Glühbirne**
ディー グリュービァネ

60

## ● バスルームの単語

- シャンプー **das Shampoo** ダス シャンプー
- リンス **die Haarspülung** ディー ハァシュピェールン
- シャワー **die Dusche** ディー ドゥシェ
- ボディーソープ **das Duschbad** ダス ドゥシュバート
- 浴室 **das Badezimmer** ダス バーデツィマー
- タオル **das Handtuch** ダス ハントゥーホ
- 石けん **die Seife** ディー ザイフェ
- ヘアドライヤー **der Fön** デア フェーン
- バスタブ **die Badewanne** ディー バーデヴァネ
- トイレ **die Toilette** ディー トイレッテ
- くし **der Kamm** デア カム
- カミソリ **der Rasierer** デア ラズィーラー
- 鏡 **der Spiegel** デア シュピーゲル
- トイレットペーパー **das Toilettenpapier** ダス トイレッテンパピァ
- 洗面台 **das Waschbecken** ダス ヴァシュベッケン
- 歯ブラシ **die Zahnbürste** ディー ツァーンビュアステ

## フロントで使う定番フレーズ

- 予約しておいた田中です。 — Ich habe auf den Namen Tanaka reserviert.
- 空いている部屋はありますか。 — Haben Sie noch Zimmer frei?
- 2泊したいです。 — Ich möchte zwei Nächte bleiben.
- すぐ部屋に入れますか。 — Kann ich schon ins Zimmer gehen?
- 何時から部屋に入れますか。 — Ab wie viel Uhr kann man ins Zimmer gehen?
- 何時にチェックインできますか。 — Ab wie viel Uhr kann man einchecken?
- 何時までにチェックアウトしなくてはいけませんか。 — Bis wie viel Uhr muss man auschecken?
- 近くにスーパーマーケットはありますか。 — Gibt es hier in der Nähe einen Supermarkt?
- 荷物を預けておいてもいいですか。 — Kann ich mein Gepäck hierlassen?
- 預けておいた荷物を受け取りたいです。 — Ich würde gern mein Gepäck abholen.
- 日本語が話せる人はいますか。 — Spricht hier jemand Japanisch?

# 部屋で／トラブル

## 😊》トラブル

### 故障している

CD1-49

**① 電話が壊れています。**

**Das Telefon funktioniert nicht.**
ダス　テレフォーン　フンクツィオニーアト　ニヒト

言い換え

| テレビ | **Der Fernseher** デア　フェアンゼーア |
| エアコン | **Die Klimaanlage** ディー　クリマアンラーゲ |
| カードキー | **Die Schlüsselkarte** ディー　シュリュッセルカァテ |
| ドアロック | **Das Schloss** ダス　シュロス |
| セーフティーボックス | **Der Safe** デア　セィフ |
| インターネット接続 | **Die Internetverbindung** ディー　インターネットフェァビンドゥン |
| 目覚まし時計 | **Der Wecker** デア　ヴェッカー |

## 困ったときの定番フレーズ

| | |
|---|---|
| ● お湯が出ません。 | Es kommt kein warmes Wasser. |
| ● トイレの水が流れません。 | Die Toilettenspülung funktioniert nicht. |
| ● トイレが詰まっています。 | Die Toilette ist verstopft. |
| ● 電球が切れています。 | Die Glühbirne ist kaputt. |
| ● 部屋がタバコ臭いです。 | Mein Zimmer riecht nach Rauch. |
| ● 鍵を部屋の中に置いてきてしまいました。 | Ich habe mich ausgesperrt. |
| ● 部屋の鍵をなくしてしまいました。 | Ich habe meinen Zimmerschlüssel verloren. |
| ● ドアが開きません。 | Die Tür geht nicht auf. |
| ● 隣の部屋がうるさいです。 | Im Nebenzimmer ist es sehr laut. |
| ● 部屋が汚れています。 | Das Zimmer ist nicht sauber. |
| ● 部屋が暑すぎます。 | Es ist sehr heiß (im Zimmer). |
| ● 部屋が寒すぎます。 | Es ist sehr kalt (im Zimmer). |

場面別会話編

# 飲　食

旅の大きな楽しみの一つに、その土地の料理を味わうことがあります。ヴァイスヴルストやドイツビールも、ドイツならではの楽しみですね。

## 店を探す

店を探す　　　　　　　　　　　　　　　　　　　　　CD1-51

**① 地元の名物料理（が食べられる）レストランはありますか。**

**Gibt es hier ein Restaurant mit regionaler Küche?**
ギフト　エス　ヒア　アイン　レストロン　ミット　レギオナーラー　キュヘ

### 言い換え

| | |
|---|---|
| ドイツ料理 | **deutscher Küche** ドイチャー キュヘ |
| 多国籍料理 | **internationaler Küche** インテアナツィオナーラー キュヘ |
| 一つ星 | **einem Stern** アイネム シュテァン |
| 二つ星 | **zwei Sternen** ツヴァイ シュテァネン |
| 三つ星 | **drei Sternen** ドライ シュテァネン |

### ひとくちメモ 「レストランの席」

ドイツの一般的なレストランでは、席に案内してもらえません。店に入ったら自分で席を探します。満席の場合、相席を頼むこともできます。

【相席を頼むときの表現】

**Ist hier noch frei?** ここ空いてますか？
イスト ヒア ノホ フライ

**Können wir uns dazusetzen?** 相席よろしいですか？
ケネン ヴィア ウンス ダーツーゼッツェン

## 店を探す

### ② 良いレストランはありますか？
# Gibt es hier ein gutes Restaurant?
ギプト　エス　ヒァ　アイン　グーテス　レストロン

| 言い換え | | |
|---|---|---|
| | 安いレストラン | **ein preiswertes Restaurant**<br>アイン　プライスヴェアテス　レストロン |
| | ベジタリアン・レストラン | **ein vegetarisches Restaurant**<br>アイン　ヴェゲターリッシェス　レストロン |
| | 子供連れで入れるレストラン | **ein familienfreundliches Restaurant**<br>アイン　ファミーリエンフロイントリヒェス　レストロン |
| | 素敵なカフェ | **ein schönes Café**<br>アイン　シェーネス　カフェー |
| | アイスクリーム店 | **ein Eiscafé**<br>アイン　アイスカフェー |
| | パブ | **eine Kneipe**<br>アイネ　クナイペ |
| | ワインバー | **ein Weinlokal**<br>アイン　ヴァインローカル |
| | ビアガーデン | **einen Biergarten**<br>アイネン　ビアガァテン |

#### ひとくちメモ 「パブ」

ドイツのパブ（die Kneipe）はお酒を飲むための店なので、ほとんどの店では、メニューには簡単な料理がわずかにある程度です。

## 🍴 カフェで

**飲み物を注文する** 　　　　　　　　　　　　　　　　　🎧 CD1-52

### ① コーヒーをお願いします。
# Einen Kaffee, bitte.
アイネン　　カフェー　　　ビテ

**言い換え**

|  |  |
|---|---|
| アイスコーヒー | **Einen eisgekühlten Kaffee**<br>アイネン　アイスゲキュールテン　カフェー |
| カフェオレ | **Einen Milchkaffee**<br>アイネン　ミルヒカフェー |
| 紅茶 | **Einen schwarzen Tee**<br>アイネン　シュヴァアツェン　テー |
| 緑茶 | **Einen grünen Tee**<br>アイネン　グリューネン　テー |
| フルーツティー | **Einen Früchtetee**<br>アイネン　フリュヒテテー |
| ルイボスティー | **Einen Roibuschtee**<br>アイネン　ロイブシュテー |
| ココア | **Einen Kakao**<br>アイネン　カカオ |
| フレッシュオレンジジュース | **Einen frischgepressten Orangensaft**<br>アイネン　フリシュゲプレステン　オランジェンザフト |
| リンゴジュース | **Einen Apfelsaft**<br>アイネン　アプフェルザフト |
| コーラ | **Eine Cola**<br>アイネ　コーラ |
| レモネード | **Eine Limonade / Eine Limo**<br>アイネ　リモナーデ　アイネ　リモ |
| 生ビール | **Ein Bier vom Fass**<br>アイン　ビア　フォム　ファス |

## カフェで

### 食べ物を注文する

**② ベーコンの白パンサンド**をお願いします。
# Ein Brötchen mit Schinken, bitte.
アイン　ブレートヒェン　ミット　シンケン　ビテ

---

**言い換え**

|  |  |
|---|---|
| プレッツェル | **Eine Brezel** アイネ　ブレーツェル |
| スープ | **Eine Suppe** アイネ　ズッペ |
| サラダ | **Einen Salat** アイネン　ザラート |
| フライドポテト | **Eine Portion Pommes Frites** アイネ　ポァツィオーン　ポム　フリット |
| ケーキ1切れ | **Ein Stück Kuchen** アイン　シュテュック　クーヘン |
| アイスクリーム | **Ein Eis** アイン　アイス |
| ワッフル | **Eine Waffel** アイネ　ヴァフェル |
| フルーツサラダ | **Einen Obstsalat** アイネン　オープストザラート |

### ひとくちメモ 「アイスコーヒーとワッフル」

ドイツでは、アイスコーヒーは一般的な飲み物ではありません。夏でもアイスコーヒーを出していないカフェが多くあります。

また、ワッフルにはチェリーのコンポートと生クリームをトッピングするのが一般的です。

## 🍽 » レストランで

**レストランに入ってから**  🎧 CD1-53

### 1 日本語のメニューはありますか？

# Haben Sie eine japanische Speisekarte?
ハーベン　ズィー　アイネ　ヤパーニシェ　シュパイゼカァテ

**言い換え**

| | |
|---|---|
| 英語のメニュー | **eine englische Speisekarte**<br>アイネ　エングリシェ　シュパイゼカァテ |
| 本日のおすすめ | **eine Tageskarte**<br>アイネ　ターゲスカァテ |
| 日替りセット | **ein Tagesmenü**<br>アイン　ターゲスメニュー |
| お子様メニュー | **Gerichte für Kinder**<br>ゲリヒテ　フュア　キンダー |
| ベジタリアンメニュー | **vegetarische Gerichte**<br>ヴェゲターリシェ　ゲリヒテ |

---

**ひとくちメモ　「本日のおすすめ」**

レストランによっては、本日のおすすめが黒板にチョークで書いてあります。お客さんがテーブルにつくと、数分間テーブルの上にこの黒板を置きますので、そこから選ぶことができます。

## レストランで

メニューを頼む

### ② **メニュー**をお願いします。
# Ich hätte gerne die Speisekarte.
イヒ　　ヘテ　　　ゲァネ　　　ディー　　　　シュパイゼカァテ

| | | |
|---|---|---|
| 言い換え | ドリンクメニュー | **die Getränkekarte**<br>ディー　　ゲトレンケカァテ |
| | ワインメニュー | **die Weinkarte**<br>ディー　ヴァインカァテ |
| | デザートメニュー | **die Dessertkarte**<br>ディー　デセーァカァテ |
| | メニューをもう一度 | **noch einmal die**<br>ノホ　　アインマル　ディー<br>**Speisekarte**<br>シュパイゼカァテ |
| | お勘定 | **die Rechnung**<br>ディー　レヒヌン |

### ひとくちメモ 「ドイツ的典型的メニュー」

ドイツの典型的なメニューは、前菜、スープ、サラダから始まり、次にメインディッシュが書いてあります。メインディッシュには、たいてい肉、魚、野菜があります。そして最後にデザートとドリンクが書いてあります。店によっては、デザートとドリンクは別のメニューカードに書いてあります。

## ● メニューに書いてある単語　　CD1-54

### Speisekarte
シュパイゼカァテ
メニュー

|  |  |
|---|---|
| 前菜 | **Vorspeisen** <br> フォアシュパイゼン |
| サラダ | **Salate** <br> ザラーテ |
| スープ | **Suppen** <br> ズッペン |
| メインディッシュ | **Hauptgerichte** <br> ハウプトゲリヒテ |
| 本日の料理 | **Tagesgericht** <br> ターゲスゲリヒト |
| 魚料理 | **Fisch** <br> フィシュ |
| 肉料理 | **Fleisch** <br> フライシュ |
| ベジタリアン食 | **Vegetarische Gerichte** <br> ヴェゲターリシェ　ゲリヒテ |
| チーズ | **Käse** <br> ケーゼ |
| デザート | **Desserts** <br> デセァス |
| 飲み物 | **Getränke** <br> ゲトレンケ |

## レストランで

### レストランを予約するとき・レストランに入るときの 定番フレーズ　CD1-55

| | |
|---|---|
| ● 予約したいのですが。 | Ich möchte gerne reservieren. |
| ● 今晩です。 | Für heute Abend. |
| ● 予約しています。 | Ich habe einen Tisch reserviert. |
| ● 予約していませんが、大丈夫ですか。 | Ich habe nicht reserviert.<br>Haben Sie noch einen Tisch frei? |
| ● 2名です。 | Wir sind zu zweit. |
| ● 3名です。 | Wir sind zu dritt. |
| ● 4名です。 | Wir sind zu viert. |
| ● 食事はできますか。 | Kann man hier etwas essen? |
| ● 飲み物だけでも大丈夫ですか。 | Kann man hier auch nur etwas trinken? |
| ● どのくらい待ちますか。 | Wie lange müssen wir warten? |
| ● あまり時間がありません。何かすぐ食べられるものはありますか。 | Ich habe nicht viel Zeit.<br>Kann ich schnell etwas zu essen bekommen? |

73

### 飲み物を頼む

## ③ 赤ワインをボトルでいただきます。
## Ich hätte gerne eine Flasche Rotwein.
イヒ　ヘテ　ゲァネ　アイネ　フラッシェ　ロートヴァイン

| | |
|---|---|
| ロゼワインをハーフボトルで | **einen halben Liter Rosé** <br> アイネン　ハルベン　リター　ロゼー |
| 1/4ℓの白ワインを | **ein Viertel Weißwein** <br> アイン　フィアテル　ヴァイスヴァイン |
| リースリングをグラスで | **ein Glas Riesling** <br> アイン　グラース　リースリン |
| 食前酒を | **einen Aperitif** <br> アイネン　アペリティーフ |
| 食後酒を | **einen Digestif** <br> アイネン　ディジェスティーフ |
| ビールをグラスで | **ein Glas Bier** <br> アイン　グラース　ビア |
| ビールを大ジョッキで | **ein großes Bier** <br> アイン　グローセス　ビア |
| ビールを小ジョッキで | **ein kleines Bier** <br> アイン　クライネス　ビア |
| ヴァイツェンビールを1杯 | **ein Weizenbier** <br> アイン　ヴァイツェンビア |
| ピルスを1杯 | **ein Pils** <br> アイン　ピルス |
| アルトを1杯 | **ein Alt** <br> アイン　アルト |
| ケルシュを1杯 | **ein Kölsch** <br> アイン　ケルシュ |

## レストランで

**ワインについて**

### ④ **ハウスワイン**をお願いします。※1
# Den Hauswein, bitte.
デーン　　　ハウスヴァイン　　　ビテ

| 言い換え | | |
|---|---|---|
| 辛口のワイン | | **Einen trockenen Wein**<br>アイネン　　トロッケネン　　ヴァイン |
| 中辛口のワイン | | **Einen halbtrockenen Wein**<br>アイネン　ハルプトロッケネン　ヴァイン |
| 甘口のワイン | | **Einen lieblichen Wein**<br>アイネン　リープリヒェン　ヴァイン |
| ドイツワイン | | **Einen deutschen Wein**<br>アイネン　ドイチェン　ヴァイン |
| フェーダーヴァイサー ※2 | | **Einen Federweißer**<br>アイネン　フェーダーヴァイサー |
| アイスワイン ※3 | | **Einen Eiswein**<br>アイネン　アイスヴァイン |

### ひとくちメモ 「ドイツワインについて」

※1：ドイツのレストランの多くは、白、赤、ロゼのハウスワインを揃えています。特に説明がない限り、通常は銘柄を指定しない辛口のワインで、価格もお手ごろです。

※2：フェーダーヴァイサーはアルコール発酵が始まったばかりのブドウのしぼり汁で、完全にワインにはなっていません。とても甘くてフレッシュな味です。

※3：アイスワインは高価な上質のワインです。ワイン用のブドウは実が凍った状態で収穫されます。トロリとして甘いワインです。

料理を頼む　　　　　　　　　　　　　　　CD1-57

## ⑤ ポテトスープをください。
# Eine Kartoffelsuppe, bitte.
アイネ　　　　カァトフェルズッペ　　　ビテ

| | |
|---|---|
| 野菜スープ | **Eine Gemüsesuppe** <br> アイネ　ゲミューゼズッペ |
| キノコソースの<br>シュニッツェル | **Ein Jägerschnitzel** <br> アイン　イェーガーシュニッツェル |
| ウィーンシュニッツェル | **Ein Wiener Schnitzel** <br> アイン　ヴィーナー　シュニッツェル |
| ウィーン風シュニッツェル | **Ein Schnitzel Wiener Art** <br> アイン　シュニッツェル　ヴィーナー　アァト |
| ソーセージの<br>カレーソース添え | **Eine Currywurst** <br> アイネ　カリーヴァスト |
| チーズの盛り合わせ | **Eine Käseplatte** <br> アイネ　ケーゼプラテ |
| ソーセージの盛り合わせ | **Eine Wurstplatte** <br> アイネ　ヴァストプラテ |
| グヤーシュを1つ | **Einmal Rindergulasch** <br> アインマル　リンダーグーラシュ |
| ジャーマンポテト | **Einmal Bratkartoffeln** <br> アインマル　ブラートカァトフェルン |
| ザワークラウト | **Einmal Sauerkraut** <br> アインマル　ザウワァクラウト |
| お子様プレート | **Einen Kinderteller** <br> アイネン　キンダーテラー |

## レストランで

### デザートを注文する

**6** サンデーを1つお願いします。
# Einen Eisbecher, bitte.
アイネン　　アイスベヒャー　　ビテ

| | | |
|---|---|---|
| 言い換え | バニラアイス | **Ein Vanilleeis** <br> アイン　ヴァニルイエアイス |
| | チョコレートアイス | **Ein Schokoladeneis** <br> アイン　ショコラーデンアイス |
| | ストロベリーアイス | **Ein Erdbeereis** <br> アイン　エァトベーァアイス |
| | ベリーゼリーを1つ | **Einmal Rote Grütze** <br> アインマル　ローテ　グリュツェ |
| | アップルパイを1つ | **Einmal Apfelstrudel** <br> アインマル　アプフェルシュトルーデル |

---

### ひとくちメモ

#### 「Wiener Schnitzel と Schnitzel Wiener Art の違い」

オリジナルの Wiener Schnitzel（ウィーンシュニッツェル）は仔牛の肉を使いますが、Schnitzel Wiener Art（ウィーン風シュニッツェル）は豚肉を使います。

#### 「なぜバウムクーヘンがないのでしょう？」

日本ではどこでもバウムクーヘンを買うことができますが、ドイツでは地域限定の食べ物で、ほとんどのドイツ人がバウムクーヘンを食べたことがありません。バウムクーヘンで有名なのは、ドレスデン、コットブス、ザルツヴェーデルなどの都市です。

料理の感想を言う

## 7 とてもおいしいです。
# Das ist sehr lecker.
ダス　イスト　ゼァ　　レカー

| 辛い | **scharf** シャーフ |
| --- | --- |
| スパイシー | **würzig** ヴュアツィヒ |
| 塩辛い | **salzig** ザルツィヒ |
| 苦い | **bitter** ビタ |
| 甘い | **süß** ズュース |
| かたい | **hart** ハート |
| 熱い | **heiß** ハイス |
| 冷めている | **kalt** カルト |
| 脂っこい | **fettig** フェティヒ |

言い換え

レストランで

## ● レストランの店内の単語

CD1-59

ウェイトレス
**die Kellnerin**
ディー　ケルネリン

メニュー
**die Speisekarte**
ディー　シュパイゼカァテ

ウェイター
**der Kellner**
デア　ケルナー

シェフ
**der Koch**
デア　コホ

スプーン
**der Löffel**
デア　レッフェル

ワイングラス
**das Weinglas**
ダス　ヴァイングラース

ナイフ
**das Messer**
ダス　メサー

グラス(脚なし)
**das Glas**
ダス　グラース

ナプキン
**die Serviette**
ディー　ゼァヴィエテ

皿
**der Teller**
デア　テラー

フォーク
**die Gabel**
ディー　ガーベル

機内・空港

宿泊

飲食

買い物

観光

トラブル

79

## レストランでの 定番フレーズ 　　　　　CD1-60

| | |
|---|---|
| ● これは何ですか。 | Was ist das? |
| ● これは量がありますか。 | Ist das viel? |
| ● これは辛いですか。 | Ist das scharf? |
| ● 注文したものが来ていません。 | Meine Bestellung ist noch nicht gekommen. |
| ● これは注文していません。 | Das habe ich nicht bestellt. |
| ● パンをお願いします。 | Könnte ich etwas Brot haben? |
| ● とてもおいしかったです。 | Das war sehr lecker. |
| ● お勘定をお願いします。 | Die Rechnung, bitte. |
| ● カードで支払えますか。 | Kann ich mit Karte zahlen? |
| ● 一緒でお願いします。 | Alles zusammen, bitte. |
| ● 別々に支払います。 | Wir zahlen getrennt. |
| ● 計算ミスだと思います。 | Ich glaube, das stimmt nicht. |

場面別会話編

# 買い物

ドイツには日本でもおなじみのビルケンシュトックやぬいぐるみのシュタイフなど、有名なブランド店があります。お気に入りの一品を見つけたら、ドイツ語での買い物にチャレンジしてみましょう。

## 🎁 » 店を探す

店を探す　　　　　　　　　　　　　　　　　　　　　　CD1-61

### ① 市場はどこですか。
### Wo ist der Markt?
ヴォ　イスト　デァ　マァクト

言い換え

|  |  |
|---|---|
| スーパーマーケット | **der Supermarkt**<br>デァ　ズーパマァクト |
| 商店街 | **die Geschäftsstraße**<br>ディー　ゲシェフツシュトラーセ |
| ショッピングモール | **das Einkaufszentrum**<br>ダス　アインカウフスツェントルム |
| デパート | **das Kaufhaus**<br>ダス　カウフハウス |
| チーズ専門店 | **das Käsegeschäft**<br>ダス　ケーゼゲシェフト |
| ワイン専門店 | **der Weinladen**<br>デァ　ヴァインラーデン |
| ドラッグストア | **der Drogeriemarkt**<br>デァ　ドロゲリマァクト |
| 薬局 | **die Apotheke**<br>ディー　アポテーケ |
| ベーカリー | **die Bäckerei**<br>ディー　ベカライ |
| 土産物屋 | **der Souvenirladen**<br>デァ　スーヴェニアーラーデン |

## 店を探す／デパートで

## 》デパートで

### 売り場を探す

**① 婦人服売り場**はどこですか。
# Wo ist die Abteilung für Damenoberbekleidung?
ヴォ イスト ディー アプタイルン フュア ダーメンオーバーベクライドゥン

| 言い換え | | |
|---|---|---|
| | 紳士服 | **Herrenoberbekleidung** ヘレンオーバーベクライドゥン |
| | 子供服 | **Kinderkleidung** キンダークライドゥン |
| | スポーツウェア | **Sportkleidung** シュポートクライドゥン |
| | 婦人靴 | **Damenschuhe** ダーメンシューエ |
| | 紳士靴 | **Herrenschuhe** ヘレンシューエ |
| | バッグ | **Taschen** タシェン |
| | アクセサリー | **Schmuck** シュムック |
| | 化粧品 | **Kosmetikartikel** コスメティークアァティケル |
| | 服飾雑貨 | **Accessoires** アセスワース |
| | 筆記用具 | **Schreibwaren** シュライプヴァーレン |
| | 家庭用品 | **Haushaltswaren** ハウスハルツヴァーレン |

# 🎁 » 洋服・雑貨などの専門店で

### 服を買う

## ① Tシャツはどこにありますか。
## Wo haben Sie T-Shirts?
ヴォ　　ハーベン　　ズィー　　ティーシャーツ

**言い換え**

| | | |
|---|---|---|
| | ジャケット | **Jacken** ヤッケン |
| | スーツ | **Anzüge** アンツューゲ |
| | ワイシャツ | **Herrenhemden** ヘレンヘムデン |
| | ブラウス | **Blusen** ブルーゼン |
| | ワンピース | **Kleider** クライダー |
| | パンツ | **Hosen** ホーゼン |
| | ジーンズ | **Jeans** ジーンズ |
| | スカート | **Röcke** レッケ |
| | セーター | **Pullover** プルオーヴァ |
| | コート | **Mäntel** メンテル |

## 洋服・雑貨などの専門店で

● 服飾店の単語

CD1-63

**ショーケース**
**die Vitrine**
ディー ヴィトリーネ

**50％オフの特売**
**bis zu 50 Prozent runtergesetzt**
ビス ツー フュンフツィヒ プロツェント ルンターゲゼツト

**セール品**
**die reduzierten Waren**
ディー レドゥツィーアテン ヴァーレン

**ハンガー**
**der Bügel**
デア ビューゲル

**鏡**
**der Spiegel**
デア シュピーゲル

**レジ**
**die Kasse**
ディー カセ

**試着室**
**die Umkleide**
ディー ウムクライデ

**女性の店員**
**die Verkäuferin**
ディー フェアコイフェリン

**男性の店員**
**der Verkäufer**
デア フェアコイファー

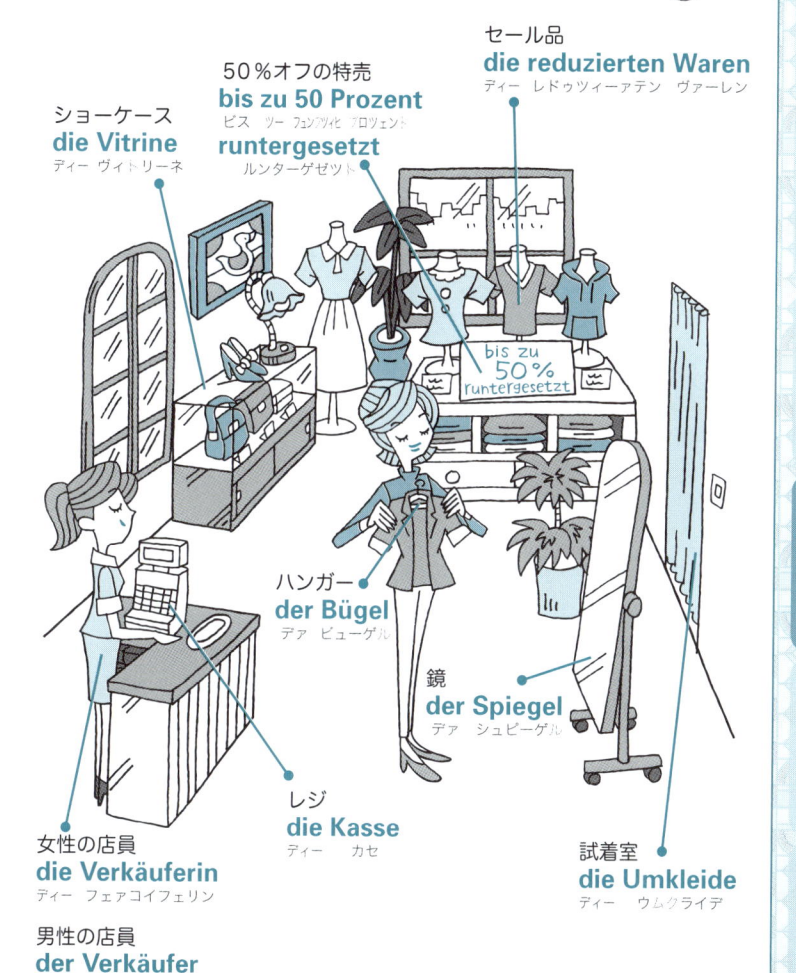

85

色について尋ねる

## ② これで赤はありますか。
# Haben Sie das in rot?
ハーベン　ズィー　ダス　イン　ロート

| 言い換え | | |
|---|---|---|
| | 黄色 | **gelb** ゲルプ |
| | 緑 | **grün** グリューン |
| | 青 | **blau** ブラウ |
| | 薄いピンク | **rosa** ローザ |
| | 濃いピンク | **pink** ピンク |
| | オレンジ | **orange** オランジェ |
| | 黒 | **schwarz** シュヴァァツ |
| | 白 | **weiß** ヴァイス |
| | 紫 | **violett** ヴィオレット |
| | グレー | **grau** グラウ |
| | 茶 | **braun** ブラウン |
| | ベージュ | **beige** ベージュ |

洋服・雑貨などの専門店で

サイズについて尋ねる

### 3 これの**Sサイズ**はありますか。
# Haben Sie das in (der Größe) S?
ハーベン　ズィー　ダス　イン　デア　グレーセ　エス

言い換え

| | |
|---|---|
| Mサイズ | **in (der Größe) M**<br>デア　グレーセ　エム |
| Lサイズ | **in (der Größe) L**<br>イン　デア　グレーセ　エル |
| これより小さいもの | **eine Nummer kleiner**<br>アイネ　ヌマ　クライナ |
| これより大きいもの | **eine Nummer größer**<br>アイネ　ヌマ　グレーサ |
| これより長いもの | **in länger**<br>イン　レンガ |
| これより短いもの | **in kürzer**<br>イン　キュアツァ |

### ひとくちメモ 「サイズについて」

ドイツでは、36、38、40…のようなサイズ表示が普通です。S、M、L表示の場合、日本のものより大きめなので、店内の表などを確認してから買うことをお勧めします。

目安としては、婦人服では32が日本のS、36が日本のM、40が日本のLとだいたい同じです。

かばん・靴を買う

## ④ バッグはありますか。
# Haben Sie Taschen?
ハーベン　ズィー　タシェン

| | |
|---|---|
| ショルダーバッグ | **Umhängetaschen** <br> ウムヘンゲタシェン |
| ハンドバッグ | **Handtaschen** <br> ハントタシェン |
| スーツケース | **Koffer** <br> コファ |
| リュック | **Rucksäcke** <br> ルックゼッケ |
| エコバッグ | **Einkaufsbeutel** <br> アインカウフスボイテル |
| スニーカー | **Sportschuhe** <br> シュポートシューェ |
| サンダル | **Sandalen** <br> ザンダーレン |
| ハイヒール | **hohe Schuhe** <br> ホーェ　シューェ |
| ローヒール | **flache Schuhe** <br> フラヘ　シューェ |
| ブーツ | **Stiefel** <br> シュティーフェル |
| 歩きやすい靴 | **bequeme Schuhe** <br> ベクヴェーメ　シューェ |

洋服・雑貨などの専門店で

### 雑貨を買う

**⑤ 財布はどこに売っていますか。**
# Wo finde ich Portmonees?
ヴォ　フィンデ　イヒ　　　ポルトモネー

| 言い換え | | |
|---|---|---|
| | ハンカチ | **Taschentücher** タシェンテュヒャー |
| | スカーフ | **Halstücher** ハルステュヒャー |
| | マフラー | **Schals** シャルズ |
| | ネクタイ | **Krawatten** クラヴァテン |
| | 手袋 | **Handschuhe** ハントシューェ |
| | 傘 | **Schirme** シァメ |
| | 折りたたみ傘 | **Knirpse** クニルプセ |
| | 帽子 | **Hüte** ヒューテ |
| | サングラス | **Sonnenbrillen** ゾネンブリレン |
| | ベルト | **Gürtel** ギュアテル |

#### ひとくちメモ 「折りたたみ傘について」

Knirps は実はブランド名です。折りたたみ傘の構造はドイツで発明され、1932年に「クニルプス」の商品名で発売されました。こんにちでは、クニルプスという名前が「折りたたみ傘」の意味で使われています。

### 化粧品を買う

## 6 香水はありますか。
# Haben Sie Parfüms?
ハーベン　ズィ　パーフュムス

|  |  |
|---|---|
| 乳液 | **Gesichtscreme** ゲズィヒツクレーメ |
| 保湿クリーム | **Feuchtigkeitscreme** フォイヒティヒカイツクレーメ |
| ボディローション | **Körpercreme** ケァパークレーメ |
| ハンドクリーム | **Handcreme** ハントクレーメ |
| 日焼け止めクリーム | **Sonnencreme** ゾネンクレーメ |
| 口紅 | **Lippenstife** リッペンシュティフテ |
| リップバウム；リップクリーム | **Lippenpflegestifte** リッペンプフレーゲシュティフテ |
| シャワージェル | **Duschgel** ドゥシュゲル |
| 入浴剤 | **Badezusatz** バーデツーザツ |
| 男性用 | **Produkte für Männer** プロドゥクテ フュア メナー |
| 子供用 | **Produkte für Kinder** プロドゥクテ フュア キンダー |
| 赤ちゃん用 | **Produkte für Babys** プロドゥクテ フュア ベービス |

洋服・雑貨などの専門店で

### 文具を買う

## 7. ボールペンはありますか。
## Haben Sie Kugelschreiber?
ハーベン　ズィ　クーゲルシュライバ

|  |  |
|---|---|
| 万年筆 | **Füllfederhalter** フュルフェーダーハルタ |
| 鉛筆 | **Bleistifte** ブライシュティフテ |
| 色鉛筆 | **Buntstifte** ブントシュティフテ |
| サインペン | **Filzstifte** フィルツシュティフテ |
| 蛍光ペン | **Textmarker** テクストマーカ |
| 水彩絵の具 | **Wasserfarbkästen** ヴァサファーブケステン |
| 便せん | **Briefpapier** ブリーフパピァ |
| 封筒 | **Briefumschläge** ブリーフウムシュレーゲ |
| ノート | **Hefte** ヘフテ |
| 消しゴム | **Radiergummis** ラディーァグミス |
| メモ帳 | **Notizblöcke** ノーティツブレッケ |
| ポストカード | **Postkarten** ポストカァテン |

## ギフト雑貨を買う

### ⑧ キーホルダーはありますか。
# Haben Sie Schlüsselanhänger?
ハーベン　ズィー　　　シュリュッセルアンヘンガー

**言い換え**

|  |  |
|---|---|
| マグカップ | **Tassen** タッセン |
| ワイングラス | **Weingläser** ヴァイングレーザー |
| ビアマグ | **Bierkrüge** ビアクリューゲ |
| テーブルクロス | **Tischdecken** ティシュデッケン |
| ランチョンマット | **Tischsets** ティシュゼッツ |
| 栞 | **Lesezeichen** レーゼツァイヒェン |
| カレンダー | **Kalender** カレンダー |
| 手帳 | **Taschenkalender** タシェンカレンダー |
| クリスマスの飾り | **Weihnachtsschmuck** ヴァイィナハツシュムック |
| イースターの飾り | **Osterschmuck** オスターシュムック |
| 庭の小人 | **Gartenzwerge** ガァテンツヴェァゲ |

洋服・雑貨などの専門店で

### アクセサリーを買う

## ⑨ ネックレスはありますか。
## Haben Sie Halsketten?
ハーベン　ズィー　ハルスケッテン

| 言い換え | | |
|---|---|---|
| | ピアス | **Ohrringe** オァリンゲ |
| | ペンダント | **Kettenanhänger** ケッテンアンヘンガ |
| | ブレスレット | **Armbänder** アァムベンダ |
| | 指輪 | **Ringe** リンゲ |
| | ブローチ | **Broschen** ブロシェン |
| | ネクタイピン | **Krawattennadeln** クラヴァッテンナーデルン |
| | カフスボタン | **Manschettenknöpfe** マンシェテンクネプフェ |
| | 腕時計 | **Armbanduhren** アァムバントウーレン |

お菓子を買う

## 10. **プラリーヌ**はありますか。
# Haben Sie Pralinen?
ハーベン　ズィー　プラリーネン

| 言い換え | | |
|---|---|---|
| | 焼き菓子 | **Gebäck**<br>ゲベック |
| | 甘くないお菓子 | **Salzgebäck**<br>ザルツゲベック |
| | クリスマスのお菓子 | **Weihnachtsgebäck**<br>ヴァイィナハツゲベック |
| | シュトレン | **Christstollen**<br>クリストシュトレン |
| | ドイツのスイーツ | **deutsche Süßigkeiten**<br>ドイチェ　ズースィヒカイテン |
| | ドイツのチョコレート | **deutsche Schokolade**<br>ドイチェ　ショコラーデ |
| | 同じメーカーの違うもの | **von dieser Marke**<br>フォン ディーザー マァケ<br>**noch andere Sachen**<br>ノホ　アンデレ　ザッヘン |
| | 10ユーロくらいのお土産パック | **eine Geschenkpackung**<br>アイネ　ゲシェンクパクン<br>**für etwa 10 Euro**<br>フュア エトヴァ ツェーン オイロ |
| | スイーツを詰合せたお土産パック | **eine Geschenkpackung**<br>アイネ　ゲシェンクパクン<br>**mit verschiedenen**<br>ミット　フェアシーデネン<br>**Süßigkeiten**<br>ズースィヒカイテン |

# 洋服・雑貨などの専門店で

## 商品の情報をたずねる

### ⑪ これは**手作り**ですか。
### Ist das **handgemacht**?
イスト　ダス　　　　ハントゲマハト

**言い換え**

| 手描き | **handbemalt**<br>ハントベマルト |
|---|---|
| 手縫い | **handgenäht**<br>ハントゲネート |
| 木製 | **aus Holz**<br>アウス　ホルツ |
| 天然素材 | **aus natürlichem Material**<br>アウス　ナテュアリヒェム　マテリアル |
| おもちゃに丁度良い | **als Spielzeug geeignet**<br>アルツ　シュピールツォイク　ゲアイグネト |
| 小さい子供に丁度良い | **für kleine Kinder geeignet**<br>フュア　クライネ　キンダー　ゲアイクネト |
| ドイツ製 | **in Deutschland hergestellt**<br>イン　ドイチュラント　ヘアゲシュテルト |
| ドイツ製品 | **ein deutsches Produkt**<br>アイン　ドイチェス　プロドゥクト |
| ドイツのメーカー | **eine deutsche Marke**<br>アイネ　ドイチェ　マァケ |

日用品を買う

## 12. 歯ブラシはありますか。
# Haben Sie Zahnbürsten?
ハーベン　ズィー　ツァーンビュアステン

| 言い換え | | |
|---|---|---|
| | 歯磨き粉 | **Zahnpasta** ツァーンパスタ |
| | 石けん | **Seife** ザイフェ |
| | シャンプー | **Shampoo** シャンプー |
| | リンス | **Haarspülung** ハァシュピュールン |
| | タオル | **Handtücher** ハンテュヒャー |
| | 電池 | **Batterien** バテリーン |
| | ナプキン | **Papierservietten** パピァゼァヴィーテン |
| | ティッシュ | **Tempos** テンポス |
| | ビニール袋 | **Plastiktüten** プラスティークテューテン |

### ひとくちメモ 「ドイツのドラッグストア」

ドイツには2大ドラッグストアチェーンがあります。"dm"と"rossmann"です。
デーエム　　ロスマン

洋服・雑貨などの専門店で

### ラッピングを頼む

## 13 別々に包んでください。
## Könnten Sie das einzeln einpacken?
ケンテン　ズィー　ダス　アインツェルン　アインパケン

| 言い換え | |
|---|---|
| 一緒に包んで | **das zusammen einpacken**<br>ダス　ツザメン　アインパケン |
| ギフト用に包んで | **das als Geschenk einpacken**<br>ダス　アルツ　ゲシェンク　アインパケン |
| 箱に入れて | **das in eine Schachtel packen**<br>ダス　イン　アイネ　シャハテル　パケン |
| 紙袋に入れて | **das in eine Papiertüte packen**<br>ダス　イン　アイネ　パピアテューテ　パケン |
| 値札をとって | **das Preisschild entfernen**<br>ダス　プライスシルト　エントフェァネン |
| もう1つ袋を | **mir noch eine Tüte geben**<br>ミァ　ノホ　アイネ　テューテ　ゲーベン |

### ひとくちメモ 「ラッピングについて」

ほとんどのデパートにラッピングサービスはありませんが、客が買ったものを自分でプレゼント用に包むことのできるセルフサービスコーナーがあります。

## 人気ブランド名

【衣料品と靴　Kleidung & Schuhe】

| | |
|---|---|
| アディダス | adidas |
| ビルケンシュトック | BIRKENSTOCK |
| エスオリバー | s. Oliver |

【アクセサリー　Accessoires】

| | |
|---|---|
| フェイラー | feiler |
| クニルプス | knirps |
| ライゼンタール | reisenthel |

【化粧品　Kosmetik】

| | |
|---|---|
| ニベア | NIVEA |
| ヴェレダ | WELEDA |
| フォーセブンイレブン | 4711 |

【文房具　Schreibwaren】

| | |
|---|---|
| ラミー | LAMY |
| スタビロ | STABILO |
| ステッドラー | STAEDLER |

【家庭用品　Haushaltswaren】

| | |
|---|---|
| コジオル | Koziol |
| ビレロイ&ボッホ | Villeroy & Boch |

【お菓子　Süßwaren】

| | |
|---|---|
| ハリボー | HARIBO |
| ミルカ | Milka |

【おもちゃ　Spielwaren】

| | |
|---|---|
| ハバ | HABA |
| シュタイフ | Steiff |

### 商品を見る・選ぶときの 定番フレーズ

- 見ているだけです。
  Ich schaue nur, danke.
- 迷っています。
  Ich bin mir noch nicht sicher.
- またにします。
  Ich komme noch mal wieder.
- あれを見せてもらえますか。
  Könnten Sie mir das zeigen?
- ショーウィンドーのものを見せてもらえますか。
  Könnten Sie mir das in der Vitrine einmal zeigen?
- これを試着できますか。
  Kann ich das anprobieren?
- もっと安いのはありませんか。
  Haben Sie etwas Preiswerteres?
- これをください。
  Ich nehme das.
- 触ってもいいですか。
  Kann ich das anfassen?
- これはもっとありますか。
  Haben Sie davon noch mehr?
- (1時間) 取り置きできますか。
  Könnten Sie mir das (eine Stunde) zurücklegen?
- 全部でいくらになりますか。
  Wie viel macht das zusammen?
- クレジットカードで払えますか。
  Kann ich mit Karte zahlen?
- 小銭がありません、ごめんなさい。
  Entschuldigung, ich habe kein Kleingeld.

## トイレを使うときの 定番フレーズ

| | |
|---|---|
| ● お手洗いはありますか。 | Gibt es hier eine Toilette? |
| ● ここでお手洗いに行けますか。 | Kann ich hier auf die Toilette gehen? |
| ● (公共の)お手洗はどこにありますか。 | Wo finde ich hier eine (öffentliche) Toilette? |
| ● 女性用トイレはどこですか。 | Wo ist die Damentoilette? |
| ● 男性用トイレはどこですか。 | Wo ist die Herrentoilette? |
| ● お手洗いは無料で使えますか。 | Ist die Toilettenbenutzung kostenlos? |
| ● トイレの使用料はいくらですか。 | Wie viel kostet die Benutzung der Toilette? |

### ひとくちメモ

ドイツの公共トイレの多くは無料ではありません。デパートのトイレは無料のこともありますが、掃除の人にチップを払います。その場合、たいてい入口にチップ用のお皿が置いてあります。金額は 50 セントが妥当です。

場面別会話編

# 観　光

ドイツでは、ロマンティック街道からノイシュバンシュタイン城、さらにオクトーバーフェストやクラシックコンサートなど、楽しみたいエンターテイメントが数限りなくあります。定番フレーズを使って、心ゆくまで旅を味わいましょう。

## 📷 >> 観光案内所で

**観光名所への行き方を尋ねる**  CD1-73

**① ノイシュヴァンシュタイン城へはどうやって行ったらいいですか。**

# Wie komme ich zum Schloss Neuschwanstein?
ヴィー　コメ　イヒ　ツム　シュロス　ノイシュヴァンシュタイン

言い換え

|  |  |
|---|---|
| ブランデンブルク門へ | **zum Brandenburger Tor** (ツム ブランデンブァガー トァ) |
| 聖母教会へ | **zur Frauenkirche** (ツァ フラウエンキァヒェ) |
| 美術館へ | **zum Kunstmuseum** (ツム クンストムゼウム) |
| 青空市場へ | **zum Wochenmarkt** (ツム ヴォヘンマァクト) |
| クリスマスマーケットへ | **zum Weihnachtsmarkt** (ツム ヴァイナハツマァクト) |
| オクトーバーフェストへ | **zum Oktoberfest** (ツム オクトーバフェスト) |
| サッカースタジアムへ | **zum Fußballstadion** (ツム フスバルシュタディオーン) |
| フィルハーモニーへ | **zur Philharmonie** (ツァ フィルハーモニー) |
| 中央駅へ | **zum Hauptbahnhof** (ツム ハウプトバーンホーフ) |
| そこへ | **da hin** (ダー ヒン) |

観光案内所で

## 都市への行き方を尋ねる

### ② ケルンへはどう行ったらいいですか。
# Wie komme ich nach Köln?
ヴィー　コメ　イヒ　ナハ　ケルン

| 言い換え | |
|---|---|
| ベルリン | **Berlin** ベアリン |
| ミュンヘン | **München** ミュンヒェン |
| ハンブルク | **Hamburg** ハンブァク |
| フランクフルト | **Frankfurt** フランクファト |
| デュッセルドルフ | **Düsseldorf** デュッセルドァフ |
| ハイデルベルク | **Heidelberg** ハイデルベァク |
| ローテンブルク | **Rothenburg** ローテンブァク |
| ウィーン | **Wien** ヴィーン |
| ザルツブルク | **Salzburg** ザルツブァク |
| チューリッヒ | **Zürich** ツューリヒ |

## 希望を伝える

### 3 サッカーの試合を見たいのですが。

# Ich würde gerne zu einem Fußballspiel gehen.

イヒ ヴュアデ ゲァネ ツー アイネム フスバルシュピール ゲーエン

| 言い換え | |
|---|---|
| 劇場へ行きたい | **ins Theater gehen** インツ テアター ゲーエン |
| コンサートへ行きたい | **ein Konzert besuchen** アイン コンツァート ベズヘン |
| オペラに行きたい | **in die Oper gehen** イン ディー オーパ ゲーエン |
| バレエ公演を見たい | **eine Ballettaufführung sehen** アイネ バレットアウフフュールン ゼーェン |
| ミュージアムに行きたい | **in ein Museum gehen** イン アイン ムゼウム ゲーエン |
| 特別展覧会へ行きたい | **die aktuelle Ausstellung besuchen** ディー アクトゥエレ アウスシュテルン ベズヘン |
| ガイド付きツアーに参加したい | **an einer Führung teilnehmen** アン アイナー フュールン タイルネーメン |
| 教会を訪れたい | **eine Kirche besichtigen** アイネ キァヒェ ベズィヒティゲン |
| 教会の塔に登りたい | **den Kirchturm besteigen** デーン キァヒトゥァム ベシュタイゲン |

# 観光案内所で

|  |  |
|---|---|
| 城を訪れたい（言い換え） | **ein Schloss besichtigen** アイン シュロス ベズィヒティゲン |
| 歴史的な町を訪れたい | **die Altstadt besichtigen** ディー アルトシュタット ベズィヒティゲン |
| 古い城壁を見たい | **die alte Stadtmauer sehen** ディー アルテ シュタットマウアー ゼーェン |
| クリスマスマーケットに行きたい | **zum Weihnachtsmarkt gehen** ツム ヴァイィナハツマァクト ゲーェン |
| オクトーバーフェストに行きたい | **zum Oktoberfest gehen** ツム オクトーバフェスト ゲーェン |
| 市内観光をしたい | **eine Stadtrundfahrt machen** アイネ シュタットルントファァト マッヘン |
| 馬車に乗りたい | **eine Kutschfahrt machen** アイネ クチュファァト マッヘン |
| 船に乗りたい | **eine Schifffahrt machen** アイネ シフファァト マッヘン |
| きれいな景色を見渡せるところへ行きたい | **zu einem schönen Aussichtspunkt fahren** ツー アイネム シェーネン アウスズィヒツプンクト ファーレン |

105

## 目的の場所がどこか尋ねる

### ④ この辺りに**美術館**はありますか。
# Gibt es hier in der Nähe ein Museum?

|  |  |
|---|---|
| タクシー乗り場 | einen Taxistand |
| バス停 | eine Bushaltestelle |
| 鉄道駅 | eine Bahnhaltestelle |
| 観光案内所 | ein Tourismusbüro |
| 市場 | einen Markt |
| 土産物屋 | einen Souvenirladen |
| 歴史的観光地 | eine historische Sehenswürdigkeit |
| 映画館 | ein Kino |
| 劇場 | ein Theater |
| 公園 | einen Park |

## 観光案内所で

### 観光するときの 定番フレーズ　　CD1-76

| | |
|---|---|
| ● 市内観光のチケットはどこで買えますか。 | Wo kann ich Karten für die Stadtrundfahrt kaufen? |
| ● ここで市内観光のチケットを扱っていますか。 | Gibt es hier Karten für die Stadtrundfahrt? |
| ● チケットはいくらですか。 | Wie viel kosten die Karten? |
| ● 子ども(シニア、グループ)割引はありますか。 | Gibt es Ermäßigung für Kinder (Senioren, Gruppen)? |
| ● 明日のチケットを2枚ください。 | Ich hätte gerne zwei Karten für morgen. |
| ● 市内観光のパンフレットはありますか。 | Gibt es einen Prospekt zur Stadtrundfahrt? |
| ● 市内観光の時間はどのくらいですか。 | Wie lange dauert die Stadtrundfahrt? |
| ● 出発はどこですか。 | Wo fahren wir ab? |
| ● 出発は何時ですか。 | Um wie viel Uhr fahren wir ab? |
| ● ホテルに迎えに来ていただけますか。 | Könnten Sie uns am Hotel abholen? |

### 観光するときの 定番フレーズ

| | |
|---|---|
| ● 観光地の入場料金は含まれていますか。 | Ist der Eintritt für die Sehenswürdigkeiten im Preis enthalten? |
| ● 食事は料金に含まれていますか。 | Sind die Mahlzeiten im Preis enthalten? |
| ● ここにどのくらいいますか？ | Wie lange bleiben wir hier? |
| ● お昼ご飯はどのくらい時間を取れますか。 | Wie viel Zeit haben wir fürs Mittagessen? |
| ● ここにはトイレがありますか。 | Gibt es hier eine Toilette? |
| ● (自由行動の後の)待ち合わせ場所はどこですか。 | Wo treffen wir uns wieder? |
| ● (自由行動の後の)待ち合わせは何時ですか。 | Um wie viel Uhr treffen wir uns wieder? |
| ● どこで解散ですか。 | Wo trennen wir uns am Ende? |
| ● ここはどこですか。 | Wo sind wir hier? |
| ● この建物の名前は何ですか。 | Wie heißt dieses Gebäude? |
| ● 次の目的地はどこですか。 | Wohin fahren wir als Nächstes? |

観光案内所で／乗り物を利用する

## 📷 » 乗り物を利用する

### 乗り物のチケットを買う
🎵 CD1-78

**1) 回数券**をください。
# Eine Mehrfahrtenkarte, bitte.
アイネ　　メーアファーアテンカァテ　　ビテ

🔄 言い換え

| 切符1枚 | **Eine Fahrkarte** <br> アイネ　ファーアカァテ |
|---|---|
| 往復1枚 | **Eine Hin- und Rückfahrkarte** <br> アイネ　ヒン　ウント　リュックファーアカァテ |
| 片道1枚 | **Eine einfache Fahrkarte** <br> アイネ　アインファヘ　ファーアカァテ |
| 一等席 | **Eine Fahrkarte für die erste Klasse** <br> アイネ　ファーアカァテ　フュァ　ディー　エアステ　クラセ |
| 二等席 | **Eine Fahrkarte für die zweite Klasse** <br> アイネ　ファーアカァテ　フュァ　ディー　ツヴァイテ　クラセ |
| 大人1枚 | **Einen Erwachsenenfahrschein** <br> アイネン　エァヴァクセネンファーアシャイン |
| 子供1枚 | **Einen Kinderfahrschein** <br> アイネン　キンダファーアシャイン |
| 1日乗車券 | **Eine Tageskarte** <br> アイネ　ターゲスカァテ |
| 団体1日<br>乗車券 | **Eine Gruppen-Tageskarte** <br> アイネ　グルッペン　ターゲスカァテ |

### ひとくちメモ 「お得な乗車券」

ドイツの多くの都市では、Tageskarte（1日乗車券）を購入すると、終日、域内すべての交通機関で自由に乗り降りすることができます。また、団体用の1日乗車券が買える地域もあります。こちらはさらに便利です。

## メトロ、ICE に乗るときの 定番フレーズ　　CD2-1

| | |
|---|---|
| ● ブランデンブルク門へ行くのは何線ですか。 | Mit welcher Linie komme ich zum Brandenburger Tor? |
| ● 6番線に乗りたいのですが。 | Wo fährt die Linie sechs ab? |
| ● ポツダム駅へ行くのに乗り換えはありますか。 | Muss ich umsteigen, wenn ich nach Potsdam fahre? |
| ● どこで乗り換えですか。 | Wo muss ich umsteigen? |
| ● フランクフルト空港行きはどのホームですか。 | Auf welchem Gleis fährt die Bahn zum Frankfurter Flughafen? |
| ● ICE の路線1本で行けますか。 | Kann man da direkt mit dem ICE hinfahren? |
| ● この切符でデュッセルドルフまで行けますか。 | Kann ich mit dieser Fahrkarte bis nach Düsseldorf fahren? |

## バスに乗るときの 定番フレーズ

- すみません、バスの停留所はどこですか。
  Entschuldigung, wo ist die Bushaltestelle?

- すみません、このバスは市役所へ行きますか。
  Entschuldigung, fährt dieser Bus zum Rathaus?

- アレクサンダー広場へ行くにはどこで降りたらいいですか。
  Wo muss ich aussteigen, wenn ich zum Alexanderplatz will?

- 聖母教会まであといくつですか。
  Wie viele Haltestellen sind es bis zur Frauenkirche?

- シュテファン大聖堂に着いたら教えていただけますか。
  Können Sie mir sagen, wie ich zum Stephansdom komme?

- 空港行きの次のバスは何時ですか。
  Um wie viel Uhr fährt der erste Bus zum Flughafen?

- 降ります！
  Ich steige hier aus!

## タクシーに乗る

### ② 中央駅までお願いします。
# Zum Hauptbahnhof, bitte.
ツム　　　ハウプトバーンホーフ　　　ビテ

**言い換え**

|  |  |
|---|---|
| この住所 | **Zu dieser Adresse**<br>ツー　ディーザー　アドレッセ |
| このホテル | **Zu diesem Hotel**<br>ツー　ディーゼム　ホテル |
| フィルハーモニー | **Zur Philharmonie**<br>ツァ　フィルハァモニー |
| フランクフルト空港 | **Zum Frankfurter Flughafen**<br>ツム　フランクファター　フルークハーフェン |
| 最寄りの病院 | **Zum nächsten Krankenhaus**<br>ツム　ネヒステン　クランケンハウス |
| 最寄りの警察署 | **Zur nächsten Polizeiwache**<br>ツァ　ネヒステン　ポリツァイヴァヘ |

## 📷 観光スポットで

### チケットを買う

🎧 CD2-4

**① 大人1枚お願いします。**
# Eine Erwachsenenkarte, bitte.
アイネ　　エァヴァクセネンカァテ　　ビテ

| | | |
|---|---|---|
| 言い換え | 学生2枚 | **Zwei Studentenkarten**<br>ツヴァイ　シュトゥデンテンカァテン |
| | 子供1枚 | **Eine Kinderkarte**<br>アイネ　キンダカァテ |
| | シニア3枚 | **Drei Seniorenkarten**<br>ドライ　セニオーレンカァテン |
| | 特別展1枚 | **Eine Eintrittskarte für die temporäre Ausstellung**<br>アイネ　アイントリッツカァテ　フュァ ディー　テンポレーレ　アウスシュテルン |
| | 常設展1枚 | **Eine Eintrittskarte für die ständige Ausstellung**<br>アイネ　アイントリッツカァテ　フュァ ディー　シュテンディゲ　アウスシュテルン |

観光

## 許可を得る

### ② 入ってもいいですか。
# Kann ich reingehen?
カン　イヒ　　ラインゲーェン

| 言い換え | |
|---|---|
| 荷物を持って入っても | **mein Gepäck mit reinnehmen**<br>マイン　ゲペック　ミット　ラインネーメン |
| 再入場しても | **noch einmal reingehen**<br>ノホ　アインマル　ラインゲーェン |
| 触っても | **das anfassen**<br>ダス　アンファッセン |
| ここに座っても | **mich hier hinsetzen**<br>ミヒ　ヒァ　ヒンゼッツェン |

## 写真を撮る

### ③ ここで写真を撮ってもいいですか。
# Kann ich hier fotografieren?
カン　イヒ　ヒァ　フォトグラフィーレン

| 言い換え | |
|---|---|
| あなたの写真を撮っても | **Sie fotografieren**<br>ズィー　フォトグラフィーレン |
| フラッシュを使っても | **mit Blitz fotografieren**<br>ミット　ブリッツ　フォトグラフィーレン |
| ビデオに撮っても | **Videoaufnahmen machen**<br>ヴィデオアウフネーメン　マッヘン |

## 観光スポットで

### 観光スポットで使う 定番フレーズ  （CD2-6）

- 案内図をもらえますか。  
  Können Sie mir einen Übersichtsplan geben?

- 日本語の音声ガイドはありますか。  
  Haben Sie einen japanischen Audioguide?

- 日本語のパンフレットはありますか。  
  Haben Sie auch eine japanische Broschüre?

- ロッカーはありますか。  
  Gibt es hier Schließfächer?

- ここは有料ですか。  
  Kostet das etwas?

- ここは無料ですか。  
  Ist das kostenlos?

- 次のガイド付き見学は何時ですか。  
  Um wie viel Uhr beginnt die nächste Führung?

- 見学はどのくらい時間がかかりますか。  
  Wie lange dauert die Führung?

- 写真を撮っていただけますか。  
  Könnten Sie ein Foto von mir machen?

- 一緒に写真を撮ってもいいですか。  
  Kann ich ein Foto mit Ihnen zusammen machen?

- ここを押してください。  
  Bitte hier drücken.

- もう1枚お願いできますか。  
  Könnten Sie noch eins machen?

- 私は入っていますか。  
  Bin ich im Bild?

- 全員入っていますか。  
  Sind wir alle im Bild?

## 舞台を鑑賞するときの定番フレーズ

- 指定席ですか。
  Sind die Plätze nummeriert?

- 当日券はありますか。
  Kann man die Eintrittskarte am selben Tag kaufen?

- ここから舞台全体が見えますか。
  Kann man von hier aus alles sehen?

- 一番安い席でお願いします。
  Ich möchte möglichst billige Plätze.

- 正面の席がいいのですが。
  Ich hätte gerne einen Platz in der Mitte.

- 通路の横の席がいいのですが。
  Ich hätte gerne einen Platz an der Seite der Sitzreihe.

- 私たちはできるだけ前の席がいいのですが。
  Wir möchten gerne möglichst weit vorne sitzen.

- Aブロックの席がいいのですが。
  Wir hätten gerne Plätze in Block A.

- 隣り合わせで座りたいのですが。
  Wir möchten gerne nebeneinander sitzen.

## 舞台鑑賞に関する用語

|  |  |
|---|---|
| □ コンサート | das Konzert<br>ダス コンツェァト |
| □ オペラ | die Oper<br>ティー オーパ |
| □ オペレッタ | die Operette<br>ティー オペレッテ |
| □ バレエ | das Ballett<br>ダス バレット |
| □ ロビー | das Foyer<br>ダス フォイエ |
| □ クローク | die Garderobe<br>ティー ガァデローベ |
| □ プログラム | das Programmheft<br>ダス プログラムヘフト |
| □ コンサートホール | der Konzertsaal<br>デァ コンツェァトザール |
| □ ステージ | die Bühne<br>ティー ビューネ |
| □ 作曲家 | der Komponist<br>デァ コンポニスト |
| □ 作品 | das Werk<br>ダス ヴェァク |
| □ 指揮者 | der Dirigent<br>デァ ディリゲント |
| □ オーケストラ | das Orchester<br>ダス オーケスター |
| □ ソリスト 男 | der Solist<br>デァ ゾリスト |
| □ ソリスト 女 | die Solistin<br>ティー ゾリスティン |
| □ ソプラノ歌手 | die Sopranistin<br>ティー ゾプラニスティン |
| □ アルト歌手 | die Altistin<br>ティー アルティスティン |
| □ テノール歌手 | der Tenor<br>デァ テノァ |
| □ バス歌手 | der Bass<br>デァ バス |
| □ 合唱団 | der Chor<br>デァ コーァ |
| □ 歌手 男 | der Sänger<br>デァ ゼンガー |
| □ 歌手 女 | die Sängerin<br>ティー ゼンガリン |
| □ ダンサー 男 | der Tänzer<br>デァ テンツァー |
| □ ダンサー 女 | die Tänzerin<br>ティー テンツァリン |

## オーケストラ鑑賞に関する用語

CD2-9

- □交響楽団　**das Sinfonieorchester**
  ダス ズィンフォニーオーケスター
- □楽器　**das Instrument**
  ダス インストルメント

- □木管楽器　**die Holzbläser**
  ティー ホルツブレーザー
- □フルート　**die Flöte**
  ティー フレーテ
- □オーボエ　**die Oboe**
  ティー オボーエ
- □クラリネット　**die Klarinette**
  ティー クラリネッテ
- □ファゴット　**das Fagott**
  ダス ファゴット

- □金管楽器　**die Blechbläser**
  ティー ブレヒブレーザー
- □ホルン　**das Horn**
  ダス ホァン
- □トランペット　**die Trompete**
  ティー トロンペーテ
- □トロンボーン　**die Posaune**
  ティー ポゾーネ
- □チューバ　**die Tuba**
  ティー トゥーバ

- □弦楽器　**die Streicher**
  ティー シュトライヒャー
- □バイオリン　**die Geige**
  ティー ガイゲ
- □ビオラ　**die Bratsche**
  ティー ブラチェ
- □チェロ　**das Cello**
  ダス ツェロ
- □コントラバス　**der Kontrabass**
  デア コントラバス

- □ティンパニ　**die Pauke**
  ティー パウケ
- □ハープ　**die Harfe**
  ティー ハアフェ
- □ピアノ　**das Klavier**
  ダス クラヴィーア
- □オルガン　**die Orgel**
  ティー オアゲル

## 観光スポットで

### サッカー観戦に関する用語①　CD2-10

|  |  |
|---|---|
| □スタジアム | das Stadion（ダス シュタディオーン） |
| □グラウンド | das Spielfeld（ダス シュピールフェルト） |
| □シーズン | die Saison（ティー ゼゾン） |
| □ホーム | das Heimspiel（ダス ハイムシュピール） |
| □アウェイ | das Auswärtsspiel（ダス アウスヴェァツシュピール） |
| □節 | der Spieltag（デァ シュピールターク） |
| □試合 | das Spiel（ダス シュピール） |
| □ダービー | das Derby（ダス デァビ）※同じ都市のチームの対戦 |
| □キックオフ | der Anstoß（デァ アンシュトース） |
| □前半 | die erste Halbzeit（ティー エアステ ハルプツァイト） |
| □後半 | die zweite Halbzeit（ティー ツヴァイテ ハルプツァイト） |
| □延長戦 | die Verlängerung（ティー フェァレンゲルン） |
| □パス | der Pass（デァ パス） |
| □シュート | der Schuss（デァ シュス） |
| □ゴール | das Tor（ダス トァ） |
| □クロス | die Flanke（ティー フランケ） |
| □オフサイド | das Abseits（ダス アプザイツ） |
| □ファウル | das Foul（ダス ファウル） |
| □コーナー | die Ecke（ティー エケ） |
| □フリーキック | der Freistoß（デァ フライシュトース） |
| □延長 | die Nachspielzeit（ティー ナハシュピールツァイト） |
| □ペナルティ | das Elfmeterschießen（ダス エルフメーターシーセン） |

## サッカー観戦に関する用語②

- □ボール　　　　　　**der Ball**
- □チーム　　　　　　**die Mannschaft**
- □選手　　　　　　　**der Spieler 男 / die Spielerin 女**
- □ゴールキーパー　　**der Torwart**
- □ディフェンダー　　**der Verteidiger**
- □ミッドフィルダー　**der Mittelfeldspieler**
- □フォワード　　　　**der Stürmer**
- □監督　　　　　　　**der Trainer**
- □ヘッドコーチ　　　**der Co-Trainer**
- □審判　　　　　　　**der Schiedsrichter**
- □イエローカード　　**die Gelbe Karte**
- □レッドカード　　　**die Rote Karte**

## サッカー観戦

### 感想を述べる 定番フレーズ

| | |
|---|---|
| ● とても面白かった。 | Das war sehr interessant. |
| ● 楽しかった。 | Das hat Spaß gemacht. |
| ● とても良いコンサートだった。 | Das war ein schönes Konzert. |
| ● 演奏がとても気に入った。 | Die Aufführung hat mir gut gefallen. |
| ● オーケストラの演奏がとても良かった。 | Das Orchester hat sehr gut gespielt. |
| ● ソリストがとても良かった。 | Die Solisten waren sehr gut. |
| ● 合唱団の歌がすばらしかった。 | Der Chor hat gut gesungen. |
| ● とても素晴らしい試合だった。 | Das war ein großartiges Spiel. |
| ● 試合がとてもエキサイティングだった。 | Das Spiel war sehr spannend. |
| ● このチームはとても良い試合をした。 | Die Mannschaft hat gut gespielt. |
| ● すごいゴールだった！ | Das war ein tolles Tor! |

## ひとくちメモ 「ドイツ人の食事とおやつ」

### ①朝食　Das Frühstück

ほとんどのドイツ人は朝食にコーヒーか紅茶を飲みますが、ジュースを飲む人もいます。典型的な朝食のメニューは、パンにマーマレード、ハチミツ、チーズ、ソーセージまたはハムを添えて。ゆで卵を一緒に食べる場合もあります。果物、シリアル、ヨーグルトなどを食べる人も多いです。

### ②2回目の朝食（朝食休憩）　Das zweite Frühstück/die Frühstückspause

オフィスでは、11時ごろに朝食休憩があります。通常、バター付きパンや果物などを食べます。

### ③昼食　Das Mittagessen

ドイツのお昼時は13時ごろ。ランチには温かいものを食べます。伝統的なドイツの昼食メニューは3品の組み合わせです。
(1) 肉か魚
(2) ジャガイモ、パスタ、パン、ライスのどれか
(3) 温野菜かサラダ
レストランのランチは、食前にスープ、食後にデザートがつくことが多いです。

### ④コーヒーブレイク　Die Kaffeepause

ドイツ人の多くは午後にコーヒーブレイクやティーブレイクを取ります。よく一緒にケーキも食べます。

### ⑤夕食　Das Abendessen

ドイツの伝統的な夕食は、パン、ソーセージ、チーズの冷たい軽食。しかし最近では夕食にも温かい食事を取るドイツ人が増えています。

場面別会話編

# トラブル

旅行中、紛失や盗難などのトラブルに遭ったとき、ドイツ語で助けを求めたり、説明しなくてはならない状況に置かれることがあります。ここでは、そのような場面で使える表現を紹介します。

## >> トラブルに直面！

### とっさの一言

|  |  |
|---|---|
| 助けて！ | **Hilfe!** ヒルフェ |
| やめてください！ | **Lass das!** ラス ダス |
| 痛いです！ | **Das tut weh!** ダス トゥート ヴェー |
| 放せ！ | **Lass mich los!** ラス ミヒ ロース |
| 泥棒！ | **Haltet den Dieb!** ハルテット デーン ディープ |
| 火事だ！ | **Feuer!** フォイアー |
| 来てください！ | **Komm her!** コム ヘア |
| 気をつけて！ | **Vorsicht!** フォアズィヒト |
| 危ないですよ。 | **Das ist gefährlich.** ダス イスト ゲヘァリヒ |
| ごめんなさい。 | **Entschuldigung.** エントシュルディグン |

## トラブルに直面！

### 助けを呼ぶ

🔊 CD2-14

**1 警察を呼んで！**
# Rufen Sie die Polizei!
ルーフェン　ズィー　ディー　ポリツァイ

言い換え

| 医者を | **einen Arzt**<br>アイネン　アァツト |
| --- | --- |
| 救急車を | **einen Krankenwagen**<br>アイネン　クランケンヴァーゲン |
| 家族を | **meine Familie**<br>マイネ　ファミーリエ |
| ガイドを | **meinen Reiseführer**<br>マイネン　ライゼフューラー |
| 日本語がわかる人を | **jemanden, der Japanisch spricht**<br>イェマンデン　デア　ヤパーニシュ　シュプリヒト |

### ひとくちメモ 「ドイツの緊急電話」

ドイツの緊急電話は110と112です。110が日本と同じで警察、112が救急車や消防車の番号です。

盗難に遭った

## ② 道でひったくりに遭いました。
# Man hat mich auf der Straße bestohlen.
マン　ハット　ミヒ　アウフ　デア　シュトラーセ　ベシュトーレン

**言い換え**

| 電車で | **in der Bahn** イン デア バーン |
| --- | --- |
| 駅で | **im Bahnhof** イム バーンホーフ |
| 海岸で | **am Strand** アム シュトラント |
| レストランで | **im Restaurant** イム レストロン |
| スタジアムで | **im Stadion** イム シュターディオン |
| 公園で | **im Park** イム パァク |

### ひとくちメモ 「盗難に備えて」

ここ数年、iPhone、携帯電話をひったくられるケースが目に見えて増えています。地下鉄の中や道で歩きながら電話やカメラ機能を使用していると目をつけられる恐れがあります。周りへの注意を怠らないようにしましょう。

また、リュックサックを背中に背負う、口の開いているカバンを片方の肩にかけるなどの持ち方は狙われやすいので、特に電車の中や駅では、リュックサックは前に、またカバンはファスナーなどでしっかり閉まるものを斜めがけにするなど、工夫しましょう。

トラブルに直面！

### ③ **バッグ**を盗まれました。
# Meine Tasche wurde gestohlen.
マイネ　　　タシェ　　　ヴァデ　　　ゲシュトーレン

言い換え

|  |  |
|---|---|
| クレジットカード | **Meine Kreditkarte** <br> マイネ　クレディトカァテ |
| 携帯電話 | **Mein Handy** <br> マイン　ハンディ |
| iPad | **Mein iPad** <br> マイン　アイペット |
| 財布 | **Mein Portmonee** <br> マイン　ポルトモネー |
| お金 | **Mein Geld** <br> マイン　ゲルト |

紛失した

### ④ **パスポート**をなくしました。
# Ich habe meinen Pass verloren.
イヒ　　ハーベ　　　マイネン　　　パス　　　フェアローレン

言い換え

|  |  |
|---|---|
| 航空券 | **mein Flugticket** <br> マイン　フルークティケット |
| パソコン | **meinen Computer** <br> マイネン　コンピュータ |
| 書類鞄 | **meine Aktentasche** <br> マイネ　アクテンタシェ |
| 腕時計 | **meine Uhr** <br> マイネ　ウァ |
| 鍵 | **meinen Schlüssel** <br> マイネン　シュリュッセル |

## 連絡を頼む

### ⑤ 日本大使館に連絡をしていただけますか。
# Könnten Sie die japanische Botschaft anrufen?
ケンテン　ズィー　ディー　ヤパーニシェ　ボートシャフト　アンルーフェン

言い換え

| | |
|---|---|
| ホテル | **mein Hotel** マイン　ホテル |
| 警察 | **die Polizei** ディー　ポリツァイ |
| 病院 | **das Krankenhaus** ダス　クランケンハウス |
| 家族 | **meine Familie** マイネ　ファミーリエ |
| ガイド | **meinen Reiseführer** マイネン　ライゼフューラー |
| 旅行社 | **mein Reisebüro** マイン　ライゼビューロー |

### ひとくちメモ 「在外公館の連絡先」

● 在ドイツ日本国大使館（ベルリン）
電話：(49-30) 210940
http://www.de.emb-japan.go.jp/nihongo/index.html

● 在デュッセルドルフ日本国総領事館
電話：(49-211) 164820
http://www.dus.emb-japan.go.jp/profile/japanisch/j_top.htm

● 在フランクフルト日本国総領事館
電話：(49-69) 2385730
http://www.frankfurt.de.emb-japan.go.jp/jp/index.htm

## トラブルに直面！

### トラブルに遭ったときの 定番フレーズ　　CD2-17

| | |
|---|---|
| ● 日本語（英語）が話せる人はいませんか。 | Gibt es hier jemanden, der Japanisch (Englisch) spricht? |
| ● どうしたらいいですか。 | Was soll ich tun? |
| ● どこに行けばいいですか。 | Wo soll ich hingehen? |
| ● 日本大使館に連れて行ってくださいませんか。 | Könnten Sie mich zur japanischen Botschaft bringen? |
| ● 電話を貸してもらえますか。 | Kann ich Ihr Telefon benutzen? |
| ● 私がしたのではありません。 | Ich habe das nicht gemacht. |
| ● ドイツ語がわかりません。 | Ich verstehe kein Deutsch. |

- 在ミュンヘン日本国総領事館
  電話：(49-89) 4176040
  http://www.muenchen.de.emb-japan.go.jp/jp/index.htm
- 在ハンブルク領事事務所
  電話：(49-40) 3330170
  http://www.hamburg.emb-japan.go.jp/jp/index.html
- 在オーストリア日本大使館
  電話：(43-1) 531920
  http://www.at.emb-japan.go.jp/jp/index.html
- 在スイス日本国大使館
  電話：(41-31) 300-22-22
  http://www.ch.emb-japan.go.jp/jp_home.htm
- 在ジュネーブ領事事務所
  電話：(41-22) 716-9900
  http://www.geneve.ch.emb-japan.go.jp/index_j.htm

## 盗難に遭ったとき・紛失したときの 定番フレーズ

- 警察はどこですか。
  Wo ist die Polizei?
  ヴォ イスト ディー ポリツァイ

- 盗難届を出しに来ました。
  Ich möchte einen Diebstahl melden.
  イヒ メヒテ アイネン ディープシュタール メルデン

- 盗難届けの証明書をいただけますか。
  Ich möchte Anzeige erstatten.
  イヒ メヒテ アンツァイゲ エァシュタテン

- バッグを失くしました。
  Ich habe meine Tasche verloren.
  イヒ ハーベ マイネ タシェ フェアローレン

- バッグの中には、クレジットカード、現金、携帯が入っていました。
  In der Tasche waren eine Kreditkarte, Geld und ein Handy.
  イン デァ タシェ ヴァーレン アイネ クレディトカァテ ゲルト ウント アイン ヘンディ

- 見つかったら私に連絡していただけますか。
  Könnten Sie mich kontaktieren, falls die Sachen wieder auftauchen?
  ケンテン ズィー ミヒ コンタクティーレン ファルツ ディー ザッヘン ヴィーダー アウフタウヘン

- 私の連絡先はこちらです。
  Hier können Sie mich erreichen.
  ヒァ ケンエン ズィー ミヒ エァライヒェン

- これは私のホテルです。
  Das ist mein Hotel.
  ダス イスト マイン ホテル

- これは私のホテルの電話番号です。
  Das ist die Telefonnummer von meinem Hotel.
  ダス イスト ディー テレフォーンヌマ フォン マイネム ホテル

- クレジットカードを無効にしたいです。
  Ich möchte meine Kreditkarte sperren lassen.
  イヒ メヒテ マイネ クレディトカァテ シュペレン ラッセン

## トラブルに直面！

### 事故に遭ったとき・けがをしたときの 定番フレーズ　CD2-19

|  |  |
|---|---|
| ● 転びました。 | Ich bin hingefallen. |
| ● 怪我をしました。 | Ich habe mich verletzt. |
| ● 車の事故に遭いました。 | Ich hatte einen Autounfall. |
| ● 他の車と衝突しました。 | Ich bin mit einem anderen Auto zusammengestoßen. |
| ● 私を病院に連れて行ってください。 | Könnten Sie mich ins Krankenhaus bringen? |
| ● ここが痛いです。 | Hier tut es weh. |
| ● 保険に入っています。 | Ich bin unfallversichert. |
| ● これはレンタカーです。 | Das ist ein Leihwagen. |
| ● レンタカー会社の電話番号はこれです。 | Das ist die Telefonnummer der Leihwagen-Firma. |

## 病院で

### 発症時期を伝える

**1. 昨日からです。**
# Seit gestern.
ザイト　ゲスタァン

言い換え

| 今朝 | heute morgen ホイテ モァゲン |
| 数日前 | ein paar Tagen アイン パァ ターゲン |
| 先週 | letzter Woche レッター ヴォヘ |
| 先程 | Kurzem erst クァツェム エァスト |

### 症状を伝える

**2. お腹が痛いです。**
# Mein Bauch tut weh.
マイン　バォホ　トゥート　ヴェー

言い換え

| 目 | Mein Auge マイン アウゲ |
| 頭 | Mein Kopf マイン コプフ |
| 肩 | Meine Schulter マイネ シュルター |
| 背中・腰 | Mein Rücken マイン リュッケン |
| 歯 | Mein Zahn マイン ツァーン |

## 病院で

### 病院で使う 定番フレーズ

|  |  |
|---|---|
| 日本語が話せる医者はいますか。 | Gibt es hier einen Arzt, der Japanisch spricht? |
| 気分が悪いです。 | Mir geht es schlecht. |
| お腹が痛いです。 | Ich habe Bauchschmerzen. |
| 熱があります。 | Ich habe Fieber. |
| 吐き気がします。 | Mir ist übel. |
| めまいがします。 | Mir ist schwindelig. |
| 熱があるようです。 | Ich glaube, ich habe Fieber. |
| 薬アレルギーがあります。 | Ich bin gegen manche Medikamente allergisch. |
| 血液型は A（B,AB,O）型です。 | Ich habe Blutgruppe A (B, AB, Null). |
| 強い薬は飲めません。 | Ich darf keine starken Medikamente nehmen. |
| 診断書をいただけますか。 | Könnten Sie mir ein Attest ausstellen? |
| 妊娠中です。 | Ich bin schwanger. |

薬を買う

## 3 **この薬**をください。
# Ich hätte gerne dieses Medikament.

| 痛み止め | ein Schmerzmittel |
| --- | --- |
| 頭痛薬 | ein Medikament gegen Kopfschmerzen |
| 風邪薬 | ein Grippemittel |
| 解熱剤 | ein fiebersenkendes Medikament |
| 軟膏 | eine Wundsalbe |
| 乗り物の酔い止め | ein Medikament gegen Reisekrankheit |
| 虫よけ | ein Insektenschutzmittel |

病院で

### 薬の飲み方の説明

**④ 1日3回飲んでください。**
# Nehmen Sie das dreimal am Tag.
ネーメン　ズィー　ダス　ドライマル　アム　ターク

| 言い換え | | |
|---|---|---|
| 食前に | **vor dem Essen** | フォア　デーム　エッセン |
| 食後に | **nach dem Essen** | ナハ　デーム　エッセン |
| 空腹時に | **auf nüchternen Magen** | アウフ　ニュヒターネン　マーゲン |
| 寝る前に | **vor dem Schlafengehen** | フォア　デーム　シュラーフェンゲーエン |
| コップ1杯の水と一緒に | **mit einem Glas Wasser** | ミット　アイネム　グラース　ヴァサ |

### 薬の 定番フレーズ　CD2-23

● 何日続けて飲めばいいですか。
Wie viele Tage soll ich das nehmen?
ヴィー　フィール　ターゲ　ゾル　イヒ　ダス　ネーメン

● この薬は眠くなりますか。
Macht dieses Medikament müde?
マハト　ディーゼス　メディカメント　ミューデ

● これは強い薬ですか。
Ist das ein starkes Medikament?
イスト　ダス　アイン　シュタァケス　メディカメント

● 副作用はありますか。
Gibt es Nebenwirkungen?
ギプト　エス　ネーベンヴィァクンゲン

## ● 身体部位の単語

目 **das Auge** ダス アウゲ
鼻 **die Nase** ティー ナーゼ
耳 **das Ohr** ダス オーア
口 **der Mund** デア ムント
喉 **der Hals** デア ハルツ
歯 **der Zahn** デア ツァーン
舌 **die Zunge** ティー ツンゲ
指 **der Finger** デア フィンガー
手 **die Hand** ティー ハント
腕 **der Arm** デア アーム
頭 **der Kopf** デア コプフ
腹 **der Bauch** デア バオホ
脚 **das Bein** ダス バイン
首 **der Hals** デア ハルツ
膝 **das Knie** ダス クニー
肩 **die Schulter** ティー シュルター
足 **der Fuß** デア フース
背中 **der Rücken** デア リュッケン

単語編

\すぐに使える/
# 旅単語集
# 500

シーンごとに、役立つ単語をまとめました。旅先の様々なシーンで使える単語をチェックできます。

## ✈ 機内・空港

● 機内・空港

|  |  |
|---|---|
| 座席 | der Platz |
| 窓側の席 | der Fensterplatz |
| 通路側の席 | der Gangplatz |
| 化粧室 | die Toilette |
| 非常口 | der Notausgang |
| 毛布 | die Decke |
| 日本の新聞 | die japanische Zeitung |
| 日本の雑誌 | die japanische Zeitschrift |
| 離陸 | der Start |
| 着陸 | die Landung |
| 出発 | der Abflug |
| 到着 | die Ankunft |
| 出発時刻 | die Abflugzeit |
| 到着時刻 | die Ankunftszeit |
| 現地時間 | die Ortszeit |
| 飛行時間 | die Flugdauer |
| 時差 | der Zeitunterschied |
| 目的地 | das Ziel |
| 気温 | die Temperatur |
| 定刻 | die voraussichtliche Uhrzeit |

## すぐに使える 旅単語集500

| 遅延 | verspätet<br>フェアシュペーテット |
|---|---|
| 空港 | **der Flughafen**<br>デア フルークハーフェン |
| チェックインカウンター | **der Check-in-Schalter**<br>デア チェックインシャルター |
| 航空券 | das Flugticket<br>ダス フルークティケット |
| 搭乗口 | das Gate<br>ダス ゲート |
| 搭乗券 | die Bordkarte<br>ディー ボァドカァテ |
| 便名 | die Flugnummer<br>ディー フルークヌマー |
| 便の変更 | das Umsteigen<br>ダス ウムシュタイゲン |
| 乗り継ぎ | der Anschlussflug<br>デア アンシュルスフルーク |
| 入国審査 | die Passkontrolle (bei Einreise)<br>ディー パスコントローレ バイ アインライゼ |
| 出国審査 | die Passkontrolle (bei Ausreise)<br>ディー パスコントローレ バイ アウスライゼ |
| 税関 | der Zoll<br>デア ツォル |
| 税関申告書 | die Zollerklärung<br>ディー ツォルエァクレールン |
| 持ち込み禁止品 | verbotene Gegenstände<br>フェァボーテネ ゲーゲンシュテンデ |
| パスポート | der Pass<br>デア パス |
| 姓名 | der volle Name<br>デア フォレ ナーメ |
| 国籍 | die Nationalität<br>ディー ナツィオナリテート |
| 居住国 | das Heimatland<br>ダス ハイマートラント |
| ターンテーブル | das Gepäckband<br>ダス ゲペックバント |
| 荷物受取所 | die Gepäckausgabe<br>ディー ゲペックアウスガーベ |

139

## 宿泊

|  |  |
|---|---|
| ホテル | das Hotel |
| フロント | die Rezeption |
| ロビー | das Foyer |
| エレベーター | der Fahrstuhl |
| エスカレーター | die Rolltreppe |
| 階段 | die Treppe |
| 中庭 | der Innenhof |
| 予約 | die Reservierung |
| キャンセル | die Stornierung |
| チェックイン | das Einchecken |
| チェックアウト | das Auschecken |
| 料金 | der Preis |
| ホテルの部屋 | das Hotelzimmer |
| シングルルーム | das Einzelzimmer |
| ダブルルーム | das Doppelzimmer |
| ツインルーム | das Zwei-Bett-Zimmer |
| トリプルルーム | das Drei-Bett-Zimmer |
| 喫煙ルーム | das Raucher-Zimmer |
| 禁煙ルーム | das Nichtraucher-Zimmer |
| バスルーム | das Badezimmer |

## すぐに使える 旅単語集500

|  |  |  |
|---|---|---|
| シャワー | die Dusche | ディー ドゥシェ |
| テレビ | der Fernseher | デア フェアンゼーア |
| エアコン | die Klimaanlage | ディー クリマアンラーゲ |
| ミニバー | die Minibar | ディー ミニバァ |
| ベッド | das Bett | ダス ベット |
| 枕 | das Kissen | ダス キッセン |
| 毛布 | die Decke | ディー デケ |
| シーツ | das Bettlaken | ダス ベットラーケン |
| 鍵 | der Schlüssel | デア シュリュッセル |
| 1階 | das Erdgeschoss | ダス エァトゲショス |
| 2階 | der erste Stock | デア エァステ シュトック |
| 3階 | der zweite Stock | デア ツヴァイテ シュトック |
| 最上階 | das oberste Stockwerk | ダス オーバステ シュトックヴェァク |
| 朝食 | das Frühstück | ダス フリューシュテュック |
| 昼食 | das Mittagessen | ダス ミッターグエッセン |
| 夕食 | das Abendessen | ダス アーベントエッセン |
| コーヒーラウンジ | die Cafeteria | ディー カフェテリア |
| バー | die Bar | ディー バァ |
| サウナ | die Sauna | ディー ザウナ |
| トレーニングジム | der Fitness-Raum | デア フィットネスラウム |
| プール | das Schwimmbad | ダス シュヴィムバート |

## 🍴 >> 飲食

● 飲み物

| | |
|---|---|
| 水 | das Wasser |
| 炭酸の入った水 | das Sprudelwasser |
| 炭酸なしの水 | das stille Wasser |
| お湯 | das heiße Wasser |
| 氷 | das Eis |
| 氷なし | ohne Eis |
| コーヒー | der Kaffee |
| カフェオレ | der Milchkaffee |
| ブラックコーヒー | der schwarze Kaffee |
| アイスコーヒー | der eisgekühlte Kaffee |
| 紅茶 | der schwarze Tee |
| 緑茶 | der grüne Tee |
| フルーツティー | der Früchtetee |
| アイスティー | der Eistee |
| ハーブティー | der Kräutertee |
| ルイボスティー | der Roibuschtee |
| オレンジジュース | der Orangensaft |
| アプフェルショーレ | die Apfelschorle |
| 牛乳 | die Milch |
| ココア | der Kakao |

## すぐに使える 旅単語集500

### ● アルコール

|  |  |
|---|---|
| ビール | das Bier<br>ダス ビア |
| 生ビール | das Bier vom Fass<br>ダス ビア フォム ファス |
| ワイン | der Wein<br>デア ヴァイン |
| 赤ワイン | der Rotwein<br>デア ロートヴァイン |
| 白ワイン | der Weißwein<br>デア ヴァイスヴァイン |
| ロゼワイン | der Roséwein<br>デア ロゼヴァイン |
| スパークリングワイン | der Sekt<br>デア ゼクト |
| シュナップス | der Schnaps<br>デア シュナプス |
| シャンパン | der Champagner<br>デア シャンパニャー |
| 食前酒 | der Aperitif<br>デア アペリティーフ |
| 食後酒 | der Digestif<br>デア ディジェスティーフ |
| カクテル | der Cocktail<br>デア コクティル |
| ブランデー | der Brandy<br>デア ブレンディ |
| ウィスキー | der Whisky<br>デア ウィスキー |
| コニャック | der Cognac<br>デア コニャク |
| ボトル | die Flasche<br>ディー フラシェ |
| グラス | das Glas<br>ダス クラース |
| 辛口 | trocken<br>トロッケン |
| 甘口 | lieblich<br>リープリヒ |
| 香り | das Aroma<br>ダス アロマ |
| ワインの香り | die Blume<br>ディー ブルーメ |

143

● 店内の用語

|  |  |  |
|---|---|---|
| 朝食 | das Frühstück | ダス フリューシュテュック |
| 昼食 | das Mittagessen | ダス ミッタークエッセン |
| 夕食 | das Abendessen | ダス アーベントエッセン |
| 軽食 | das leichte Essen | ダス ライヒテ エッセン |
| メニュー | die Speisekarte | ディー シュパイゼカァテ |
| コース | das Menü | ダス メヌー |
| 日替り料理 | das Tagesgericht | ダス ターゲスゲリヒト |
| フルコース | alle Gänge | アレ ゲンゲ |
| 一人前 | pro Person | プロ ペァゾーン |
| 前菜 | die Vorspeise | ディー フォアシュパイゼ |
| メイン料理 | das Hauptgericht | ダス ハウプトゲリヒト |
| デザート | das Dessert | ダス デセァ |
| おすすめ | die Empfehlung | ディー エムプフェールン |
| 自家製の | hausgemacht | ハウスゲマハト |
| 名物 | die Spezialität | ディー シュペツィアリテート |
| ウェイター | der Kellner | デア ケルナー |
| ウェイトレス | die Kellnerin | ディー ケルナリン |
| 会計 | die Rechnung | ディー レヒヌン |
| カロリー | die Kalorien | ディー カロリーェン |
| 灰皿 | der Aschenbecher | デア アシェンベヒャー |

## すぐに使える 旅単語集500

● 果物

|  |  |
|---|---|
| モモ | der Pfirsich<br>デア プフィアズィヒ |
| アプリコット | die Aprikose<br>ディー アプリコーゼ |
| いちご | die Erdbeere<br>ディー エアトベーレ |
| 洋梨 | die Birne<br>ディー ビァネ |
| オレンジ | die Orange<br>ディー オランジェ |
| メロン | die Melone<br>ディー メローネ |
| グレープフルーツ | die Grapefruit<br>ディー グレープフルート |
| さくらんぼ | die Kirsche<br>ディー キァシェ |
| パインアップル | die Ananas<br>ディー アナナス |
| バナナ | die Banane<br>ディー バナーネ |
| スグリ | die Johannisbeere<br>ディー ヨハニスベーレ |
| ぶどう | die Traube<br>ディー トラウベ |
| レーズン | die Rosine<br>ディー ロズィーネ |
| ブルーベリー | die Blaubeere<br>ディー ブラウベーレ |
| マンゴー | die Mango<br>ディー マンゴ |
| プラム | die Pflaume<br>ディー プフラウメ |
| ライム | die Limone<br>ディー リモーネ |
| レモン | die Zitrone<br>ディー ツィトローネ |
| ラズベリー | die Himbeere<br>ディー ヒムベーレ |
| りんご | der Apfel<br>デア アプフェル |

## ●お菓子・デザート

|  |  |
|---|---|
| アイスクリーム | das Eis<br>ダス アイス |
| アップルパイ | der Apfelkuchen<br>デァ アプフェルクーヘン |
| クッキー | der Keks<br>デァ ケクス |
| ケーキ | der Kuchen<br>デァ クーヘン |
| チョコレート | die Schokolade<br>ディー ショコラーデ |
| クリームタルト | das Cremetörtchen<br>ダス クレームテァトヒェン |
| チェリータルト | die Kirschtorte<br>ディー キァシュトァテ |
| ワッフル | die Waffel<br>ディー ヴァフェル |
| プリン | der Pudding<br>デァ プディン |
| ヨーグルト | der Joghurt<br>デァ ヨーグァト |

## ●調味料

|  |  |
|---|---|
| 塩 | das Salz<br>ダス ザルツ |
| 砂糖 | der Zucker<br>デァ ツカー |
| 胡椒 | der Pfeffer<br>デァ プフェファー |
| 酢 | der Essig<br>デァ エスィヒ |
| バルサミコ酢 | der Balsamessig<br>デァ バルサームエスィヒ |
| はちみつ | der Honig<br>デァ ホーニヒ |
| マスタード | der Senf<br>デァ ゼンフ |
| バター | die Butter<br>ディー ブター |
| オイル | das Öl<br>ダス オェル |
| マヨネーズ | die Majonäse<br>ディー マヨネーゼ |

## すぐに使える 旅単語集500

### ●味付け

| 甘い | süß<br>ズュース |
|---|---|
| スパイシー | würzig<br>ヴュアツィヒ |
| 塩辛い | salzig<br>ザルツィヒ |
| 辛い | scharf<br>シャァフ |
| 酸っぱい | sauer<br>ザウワー |
| 甘酸っぱい | süß-sauer<br>ズュースザウワー |
| 苦い | bitter<br>ビター |
| 脂っこい | fettig<br>フェティヒ |
| あっさり | leicht<br>ライヒト |
| 胡椒をきかせた | stark gepfeffert<br>シュタァク ゲプフェファート |

### ●調理法

| 揚げた | frittiert<br>フリティァト |
|---|---|
| 炒めた | gebraten<br>ゲブラーテン |
| オーブンで焼いた | im Ofen gebacken<br>イム オーフェン ゲバッケン |
| グリルした | gegrillt<br>ゲグリルト |
| ローストした | geröstet<br>ゲレーステット |
| 蒸した | gedämpft<br>ゲデンプフト |
| マリネした | mariniert<br>マリニェァト |
| 塩漬けにした | gepökelt<br>ゲペーケルト |
| 薫製にした | geräuchert<br>ゲロイヒェァト |
| 詰め物をした | geschmort<br>ゲシュモァト |

● 前菜・料理

|  |  |
|---|---|
| 前菜 | die Vorspeise (ティー フォアシュパイゼ) |
| スープ | die Suppe (ティー ズッペ) |
| ポタージュ | der Eintopf (デァ アイントプフ) |
| ポテトスープ | die Kartoffelsuppe (ティー カァトフェルズッペ) |
| 野菜スープ | die Gemüsesuppe (ティー ゲミューゼズッペ) |
| サラダ | der Salat (デァ ザラート) |
| ミックスサラダ | der gemischte Salat (デァ ゲミシュテ ザラート) |
| シュニッツェル | das Schnitzel (ダス シュニッツェル) |
| キノコソースのシュニッツェル | das Jägerschnitzel (ダス イェーガーシュニッツェル) |
| ウィーンシュニッツェル | das Wiener Schnitzel (ダス ヴィーナー シュニッツェル) |
| アイスバイン | das Eisbein (ダス アイスバイン) |
| カレーソーセージ | die Currywurst (ティー カリーヴァスト) |
| チーズの盛り合わせ | die Käseplatte (ティー ケーゼプラテ) |
| ソーセージの盛り合わせ | die Wurstplatte (ティー ヴァストプラテ) |
| 牛肉のグヤーシュ | das Rindergulasch (ダス リンダーグーラシュ) |
| ザワークラウト | das Sauerkraut (ダス ザウワークラウト) |
| ジャーマンポテト | die Bratkartoffeln (ティー ブラートカァトフェルン) |
| 塩茹でポテト | die Salzkartoffeln (ティー ザルツカァトフェルン) |
| 皮付きポテト | die Pellkartoffeln (ティー ペルカァトフェルン) |
| ポテトピューレ | das Kartoffelpüree (ダス カァトフェルピューレ) |

## すぐに使える　旅単語集500

● 軽食　　　　　　　　　　　　　　　　　　　　　　CD2-36

|  |  |
|---|---|
| ごはん | der Reis (デア ライス) |
| パスタ | die Nudeln (ディー ヌーデルン) |
| スパゲティ | die Spaghetti (ディー スパゲティ) |
| シュペッツレ | die Spätzle (ディー シュペツレ) |
| パン | das Brot (ダス ブロート) |
| 黒パン | das Schwarzbrot (ダス シュヴァァツブロート) |
| 丸パン | das Brötchen (ダス ブレートヒェン) |
| プレッツェル | die Brezel (ディー ブレーツェル) |
| トースト | das Toastbrot (ダス トーストブロート) |
| サンドイッチ | das belegte Brot (ダス ベレークテ ブロート) |
| チーズ | der Käse (デア ケーゼ) |
| ハム | der Schinken (デア シンケン) |
| 薄切りソーセージ | der Wurstaufschnitt (デア ヴァストアウフシュニット) |
| フライドポテト | die Pommes Frites (ディー ポム フリット) |
| ハンバーガー | der Hamburger (デア ハンブガー) |
| ピザ | die Pizza (ディー ピッツァ) |
| たまご | das Ei (ダス アイ) |
| 目玉焼き | das Spiegelei (ダス シュピーゲルアイ) |
| スクランブルエッグ | das Rührei (ダス リューアアイ) |
| かたゆで卵 | das hartgekochte Ei (ダス ハァトゲコホテ アイ) |

● 野菜

|  |  |
|---|---|
| トマト | die Tomate<br>ティー トマーテ |
| キュウリ | die Gurke<br>ティー グァケ |
| ズッキーニ | die Zucchini<br>ティー ツッキーニ |
| なす | die Aubergine<br>ティー オーバージーネ |
| たまねぎ | die Zwiebel<br>ティー ツヴィーベル |
| にんじん | die Möhre<br>ティー メーレ |
| セロリ | der Sellerie<br>デァ ゼレリー |
| アスパラガス | der Spargel<br>デァ シュパァゲル |
| キャベツ | der Weißkohl<br>デァ ヴァイスコール |
| 白菜 | der Chinakohl<br>デァ ヒナコール |
| ブロッコリー | der Brokkoli<br>デァ ブロッコリ |
| レタス | der grüne Salat<br>デァ グリューネ ザラート |
| ほうれん草 | der Spinat<br>デァ シュピナート |
| アボカド | die Avocado<br>ティー アヴォカド |
| とうもろこし | der Mais<br>デァ マイス |
| かぼちゃ | der Kürbis<br>デァ キュアビス |
| にんにく | der Knoblauch<br>デァ クノブラオホ |
| ハーブ | die Kräuter<br>ティー クロイター |
| パセリ | die Petersilie<br>ティー ペタズィーリェ |
| バジル | das Basilikum<br>ダス バズィリクム |

## すぐに使える　旅単語集500

●肉

|  |  |
|---|---|
| 牛肉 | das Rindfleisch<br>ダス　リントフライシュ |
| 仔牛肉 | das Kalbfleisch<br>ダス　カルプフライシュ |
| 豚肉 | das Schweinefleisch<br>ダス　シュヴァイネフライシュ |
| 羊肉 | das Hammelfleisch<br>ダス　ハンメルフライシュ |
| 仔羊(ラム肉) | das Lammfleisch<br>ダス　ラムフライシュ |
| 鶏肉 | das Hähnchen<br>ダス　ヘーンヒェン |
| ウサギ肉 | das Kaninchen<br>ダス　カニンヒェン |
| 鴨肉 | die Ente<br>ティー　エンテ |
| 仔豚 | das Spanferkel<br>ダス　シュパンフェァケル |
| ハム | der Schinken<br>デァ　シンケン |
| シュヴァルツヴァルトの生ハム | der Schwarzwälder Schinken<br>デァ　シュヴァァツヴェルダー　シンケン |
| サラミ | die Salami<br>ティー　ザラミ |
| ソーセージ | das Würstchen<br>ダス　ヴュァストヒェン |
| 白ソーセージ | die Weißwurst<br>ティー　ヴァイスヴァスト |
| フランクフルトソーセージ | die Frankfurter<br>ティー　フランクフアター |
| あばら肉(リブ) | das Rippchen<br>ダス　リップヒェン |
| 骨付き肉 | das Kotelett<br>ダス　コテレット |
| サーロイン | das Filet<br>ダス　フィレー |
| 細切り肉 | das Geschnetzelte<br>ダス　ゲシュネツェルテ |
| ひき肉 | das Hackfleisch<br>ダス　ハクフライシュ |

● 魚介類

| | | |
|---|---|---|
| 魚 | der Fisch | デァ フィシュ |
| 刺身 | roher Fisch | ローァ フィシュ |
| 焼き魚 | gebratener Fisch | ゲブラーテナー フィシュ |
| 魚のフライ | frittierter Fisch | フリティアター フィシュ |
| サーモン | der Lachs | デァ ラクス |
| シロイトダラ | der Seelachs | デァ ゼーラクス |
| ニシン | der Hering | デァ ヘァリン |
| ツナ | der Thunfisch | デァ トゥーンフィシュ |
| サバ | die Makrele | ディー マクレレ |
| タラ | der Dorsch | デァ ドァシュ |
| タイセイヨウアカウオ | der Rotbarsch | デァ ロートバァシュ |
| アナゴ | der Seeaal | デァ ゼーアール |
| トラウト | die Forelle | ディー フォレレ |
| コイ | der Karpfen | デァ カァプフェン |
| シーフード | die Meeresfrüchte | ディー メーレスフリュヒテ |
| 貝 | die Muscheln | ディー ムシェルン |
| ムール貝 | die Miesmuscheln | ディー ミースムシェルン |
| 二枚貝 | die Venusmuscheln | ディー ヴェーヌスムシェルン |
| 小エビ | die Nordseekrabben | ディー ノァトゼークラベン |
| エビ | die Garnelen | ディー ガァネレン |

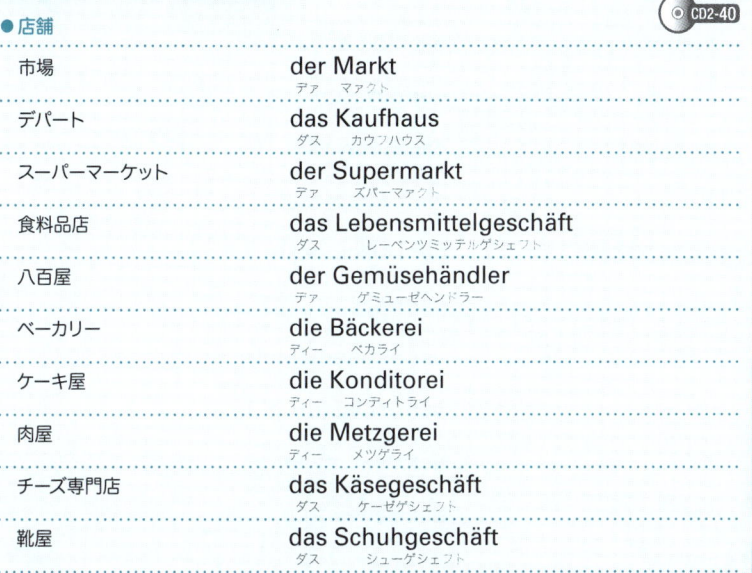

# 買い物

すぐに使える　旅単語集500

●店舗

|  |  |  |
|---|---|---|
| 市場 | der Markt | デア　マァクト |
| デパート | das Kaufhaus | ダス　カウフハウス |
| スーパーマーケット | der Supermarkt | デア　ズパーマァクト |
| 食料品店 | das Lebensmittelgeschäft | ダス　レーベンツミッテルゲシェフト |
| 八百屋 | der Gemüsehändler | デア　ゲミューゼヘンドラー |
| ベーカリー | die Bäckerei | ディー　ベカライ |
| ケーキ屋 | die Konditorei | ディー　コンディトライ |
| 肉屋 | die Metzgerei | ディー　メツゲライ |
| チーズ専門店 | das Käsegeschäft | ダス　ケーゼゲシェフト |
| 靴屋 | das Schuhgeschäft | ダス　シューゲシェフト |
| 楽器店 | das Musikgeschäft | ダス　ムズィークゲシェフト |
| 化粧品店 | die Parfümerie | ディー　パフュメリー |
| 宝飾店 | das Schmuckgeschäft | ダス　シュムックゲシェフト |
| 花屋 | der Blumenladen | デア　ブルーメンラーデン |
| 本屋 | die Buchhandlung | ディー　ブーフハンドルン |
| 文具店 | das Schreibwarengeschäft | ダス　シュライプヴァーレンゲシェフト |
| おもちゃ屋 | der Spielwarenladen | デア　シュピールヴァーレンラーデン |
| 土産物屋 | der Souvenirladen | デア　スーヴェニアラーデン |
| キオスク | der Kiosk | デア　キオスク |
| フリーマーケット | der Flohmarkt | デア　フローマァクト |

153

● 衣類〈種類〉

|  |  |
| --- | --- |
| ポロシャツ | das Polohemd（ダス ポロヘムト） |
| ブルゾン | der Blouson（デァ ブルゾーン） |
| カーディガン | die Strickjacke（ディー シュトリックヤッケ） |
| 半ズボン | die kurze Hose（ディー クァツ ホーゼ） |
| キュロットスカート | der Hosenrock（デァ ホーゼンロック） |
| スカート | der Rock（デァ ロック） |
| レインコート | der Regenmantel（デァ レーゲンマンテル） |
| パジャマ | der Schlafanzug（デァ シュラーフアンツーク） |
| ガウン | der Bademantel（デァ バーデンマンテル） |
| 水着 | der Badeanzug（デァ バーデアンツーク） |

● 衣類〈色〉

|  |  |
| --- | --- |
| 金色 | golden（ゴールトン） |
| 銀色 | silbern（ズィルバーン） |
| 茶色 | braun（ブラウン） |
| 青 | blau（ブラウ） |
| 赤 | rot（ロート） |
| 水色 | hellblau（ヘルブラウ） |
| 紺 | dunkelblau（ドゥンケルブラウ） |
| 黄色 | gelb（ゲルプ） |
| 白 | weiß（ヴァイス） |
| 黒 | schwarz（シュヴァァツ） |

## すぐに使える 旅単語集500

● 衣類〈デザイン〉

| | |
|---|---|
| しま模様 | **gestreift** ゲシュトライフト |
| 水玉模様 | **gepunktet** ゲプンクテット |
| 花柄 | **mit Blumen** ミット ブルーメン |
| チェック | **kariert** カリエァト |
| 無地 | **uni ; einfarbig** ユニ アインファァビヒ |
| カラフルな | **bunt** ブント |
| タートルネック | **mit Rollkragen** ミット ロールクラーゲン |
| 長袖 | **lange Ärmel** ランゲ エァメル |
| 半袖 | **kurze Ärmel** クァツェ エァメル |
| ノースリーブ | **ohne Ärmel** オーネ エァメル |

● 衣類〈サイズ・素材〉

| | |
|---|---|
| Sサイズ | **Größe S** グレーセ エス |
| Mサイズ | **Größe M** グレーセ エム |
| Lサイズ | **Größe L** グレーセ エル |
| より大きいサイズ | **eine Nummer größer** アイネ ヌマー グレーサー |
| より小さいサイズ | **eine Nummer kleiner** アイネ ヌマー クライナー |
| これより細い | **schmaler** シュマーラー |
| これよりゆったりした | **weiter** ヴァイター |
| 綿 | **aus Baumwolle** アウス バウムヴォレ |
| 革 | **aus Leder** アウス レーダー |
| ウール | **aus Wolle** アウス ヴォレ |

155

● 雑貨

|  |  |  |
|---|---|---|
| バッグ | die Tasche | ディー タシェ |
| 旅行鞄 | die Reisetasche | ディー ライゼタシェ |
| スーツケース | der Koffer | デァ コファ |
| 財布 | das Portmonee | ダス ポルトモネー |
| 腕時計 | die Armbanduhr | ディー アァムバントウァ |
| メガネ | die Brille | ディー ブリレ |
| 靴下 | die Socken | ディー ゾッケン |
| ストッキング | die Strumpfhose | ディー シュトルムプフホーゼ |
| 下着 | die Unterwäsche | ディー ウンターヴェシェ |
| スリッパ | die Pantoffeln | ディー パントフェルン |
| 切手 | die Briefmarke | ディー ブリーフマァケ |
| コースター | der Bierdeckel | デァ ビァデッケル |
| ランチョンマット | das Tischset | ダス ティシュゼット |
| 紅茶茶碗 | die Teetasse | ディー テータセ |
| コーヒーカップ | die Kaffeetasse | ディー カフェータセ |
| ワイングラス | das Weinglas | ダス ヴァイングラース |
| ティーポット | die Teekanne | ディー テーカネ |
| 皿 | der Teller | デァ テラー |
| 瓶 | die Karaffe | ディー カラフェ |
| キャンドル立て | der Kerzenleuchter | デァ ケァツェンロイヒター |

## 📷 》観光

**すぐに使える 旅単語集500**

● 観光名所

| 教会 | die Kirche<br>ディー キァヒェ |
| --- | --- |
| 美術館；博物館 | das Museum<br>ダス ムゼウム |
| 広場 | der Platz<br>デァ プラッツ |
| 公園 | der Park<br>デァ パァク |
| 遊園地 | der Vergnügungspark<br>デァ フェァグニューグングスパァク |
| 動物園 | der Zoo<br>デァ ツォー |
| 植物園 | der botanische Garten ※ Garten は「庭」<br>デァ ボタニシェ ガァテン |
| 森 | der Wald<br>デァ ヴァルト |
| 海岸 | die Küste<br>ディー キュステ |

● 観光スポットで見かける用語

| 入口 | der Eingang<br>デァ アインガン |
| --- | --- |
| 出口 | der Ausgang<br>デァ アウスガン |
| インフォメーション | die Information<br>ディー インフォマツィオーン |
| 手荷物預かり所 | die Gepäckaufbewahrung<br>ディー ゲペックアウフベヴァールン |
| 開館 | geöffnet<br>ゲエフネット |
| 閉館 | geschlossen<br>ゲシュロッセン |
| 撮影禁止 | Fotografieren verboten<br>フォトグラフィーレン フェァボーテン |
| フラッシュ禁止 | Fotografieren mit Blitz verboten<br>フォトグラフィーレン ミット ブリッツ フェァボーテン |
| 故障中 | außer Betrieb<br>アウサー ベトリープ |
| 危険 | gefährlich<br>ゲフェァリヒ |

157

● 都市名

| | |
|---|---|
| ベルリン | **Berlin** ベアリン |
| ハンブルク | **Hamburg** ハンブアク |
| ミュンヘン | **München** ミュンヒェン |
| ケルン | **Köln** ケルン |
| フランクフルト | **Frankfurt** フランクファト |
| シュトゥットガルト | **Stuttgart** シュトゥットガアト |
| デュッセルドルフ | **Düsseldorf** デュッセルドァフ |
| ブレーメン | **Bremen** ブレーメン |
| ライプツィヒ | **Leipzig** ライプツィヒ |
| ドレスデン | **Dresden** ドレスデン |
| ニュルンベルク | **Nürnberg** ニュアンベアク |
| ボン | **Bonn** ボン |
| リューベック | **Lübeck** リューベク |
| マインツ | **Mainz** マインツ |
| ポツダム | **Potsdam** ポツダム |
| ハイデルベルク | **Heidelberg** ハイデルベアク |
| ローテンブルク | **Rothenburg** ローテンブアク |
| ノイシュヴァンシュタイン城 | **Schloss Neuschwanstein** シュロス ノイシュヴァンシュタイン |
| ライン川 | **der Rhein** デア ライン |
| ロマンチック街道 | **die romantische Straße** ディー ロマンティシュ シュトラーセ |

158

## すぐに使える 旅単語集500

●街角の単語

|  |  |
|---|---|
| 電車の駅 | die Bahnhaltestelle<br>ディー バーンハルテシュテレ |
| 地下鉄の駅 | die U-Bahn-Haltestelle<br>ディー ウーバーンハルテシュテレ |
| バス停 | die Bushaltestelle<br>ディー ブスハルテシュテレ |
| タクシー乗り場 | der Taxistand<br>デア タクスィシュタント |
| 路面電車 | die Straßenbahn<br>ディー シュトラーセンバーン |
| 車 | das Auto<br>ダス アウト |
| 自転車 | das Fahrrad<br>ダス ファァラート |
| 通り | die Straße<br>ディー シュトラーセ |
| 大通り | die Hauptstraße<br>ディー ハウフトシュトラーセ |
| (並木のある)大通り | die Allee<br>ディー アレー |
| 横断歩道 | der Zebrastreifen<br>デア ツィーブラシュトライフェン |
| 信号 | die Ampel<br>ディー アンペル |
| 歩道 | der Bürgersteig<br>デア ビュアガーシュタイク |
| 区画(ブロック) | der Stadtteil<br>デア シュタトタイル |
| 市役所 | das Rathaus<br>ダス ラートハウス |
| 公園 | der Park<br>デア パァク |
| 噴水 | der Brunnen<br>デア ブルネン |
| 橋 | die Brücke<br>ディー ブリュッケ |
| 船 | das Schiff<br>ダス シフ |
| 馬車 | die Kutsche<br>ディー クチェ |

159

## 🧑 » トラブル

● 緊急事態

|  |  |
|---|---|
| 警察署 | die Polizeiwache |
| 盗難 | der Diebstahl |
| 紛失 | der Verlust |
| スリ | der Dieb |
| 詐欺 | der Betrug |
| ストライキ | der Streik |
| 遅れている | verspätet |
| 交通事故 | der Verkehrsunfall |
| 転ぶ | hinfallen |
| 怪我をする | (sich) verletzen |
| 火事 | der Brand |
| 消防隊 | die Feuerwehr |
| 救急車 | der Krankenwagen |
| 病院 | das Krankenhaus |
| 盗難保険 | die Diebstahlversicherung |
| 傷害保険 | die Unfallversicherung |
| 保険会社 | das Versicherungsunternehmen |
| クレジットカードを無効にする | die Kreditkarte sperren lassen |
| 日本大使館 | die japanische Botschaft |
| 旅行会社 | das Reisebüro |

## すぐに使える 旅単語集500

● 病気や怪我をしたとき

|  |  |
|---|---|
| 医者 | der Arzt |
| 歯医者 | der Zahnarzt |
| 看護師 | der Krankenpfleger 男 / die Krankenschwester 女 |
| 入院 | die Einweisung (ins Krankenhaus) |
| 内科 | die innere Abteilung |
| 外科 | die Chirurgie |
| 歯科 | die zahnmedizinische Abteilung |
| 眼科 | die Augenheilkunde |
| 小児科 | die Kinderheilkunde |
| 婦人科 | die Frauenheilkunde |
| 血液型 | die Blutgruppe |
| 高血圧 | hoher Blutdruck |
| 低血圧 | niedriger Blutdruck |
| めまい | der Schwindel |
| 吐き気 | die Übelkeit |
| 寒気 | der Schüttelfrost |
| 食欲がない | die Appetitlosigkeit |
| 頭が痛い | die Kopfschmerzen |
| 喉が痛い | die Halsschmerzen |
| お腹が痛い | die Bauchschmerzen |

|  |  |
|---|---|
| 背中が痛い | die Rückenschmerzen |
| 歯が痛い | die Zahnschmerzen |
| 熱がある | Fieber haben |
| 咳が出る | husten |
| 鼻水が出る | Schnupfen haben |
| 下痢している | Durchfall haben |
| 風邪 | die Erkältung |
| インフルエンザ | die Grippe |
| 食中毒 | die Lebensmittelvergiftung |
| 炎症 | die Entzündung |
| 発作 | der Anfall |
| 喘息 | das Asthma |
| 捻挫 | die Verstauchung |
| 骨折 | der Bruch |
| 胃腸炎 | die Magenkrankheit |
| 糖尿病 | der Diabetes |
| 外傷 | die Verletzung |
| 目薬 | die Augentropfen |
| 抗生物質 | das Antibiotikum |
| 処方箋 | das Rezept |

# カンタン便利なドイツ語フレーズ

CD2-52

あなたの名前は何ですか？
Wie heißen Sie?
ヴィー ハイセン ズィー

私の名前はペーター・ミュラーです。
Ich heiße Peter Müller.
イヒ ハイセ ペーター ミュラー

そして、あなたは？ Und Sie?
ウント ズィー

どこから来ましたか？
Woher kommen Sie?
ヴォヘア コメン ズィー

日本から来ました。
Ich komme aus Japan.
イヒ コメ アウス ヤーパン

私は日本人です。 Ich bin Japaner. 男
イヒ ビン ヤパーナー

Ich bin Japanerin. 女
イヒ ビン ヤーパーネリン

私は30才です。
Ich bin dreißig Jahre alt.
イヒ ビン ドライスィヒ ヤーレ アルト

ありがとう！ Danke!
ダンケ

どういたしまして。Gern geschehen.
ゲァン ゲシェーエン

はい、お願いします。 Ja, bitte.
ヤー ビテ

いいえ、結構です。 Nein, danke.
ナイン ダンケ

こんにちは。 Hallo.
ハロー

Guten Tag!
グーテン ターク

ようこそいらっしゃいました。
Willkommen!
ヴィルコメン

おはようございます。
Guten Morgen!
グーテン モァゲン

こんばんは。 Guten Abend!
グーテン アーベント

すみません。 Entschuldigung.
エントシュルディグン

なんでしょうか？ Bitte, was?
ビテ ヴァス

もう一度言ってもらえますか？
Könnten Sie das bitte noch
ケンテン ズィー ダス ビテ ノホ

einmal sagen?
アインマル ザーゲン

いくらですか？ Wie viel kostet
ヴィー フィール コステット

das?
ダス

これください。 Das, bitte.
ダス ビテ

163

# さくいん

## 【あ】

| 語 | ページ |
|---|---|
| アイスクリーム | 35/69/146 |
| アイスクリーム店 | 67 |
| アイスコーヒー | 68/142 |
| アイスティー | 142 |
| アイスバイン | 148 |
| アイスワイン | 75 |
| 空いている部屋 | 62 |
| アイロン | 57/60 |
| アウイ | 119 |
| 青 | 42/86/154 |
| 青空市場 | 102 |
| 赤 | 42/86/154 |
| 赤ちゃん用 | 90 |
| 赤ワイン | 36/74/143 |
| 秋 | 26 |
| アクセサリー | 83 |
| 揚げた | 147 |
| 朝 | 26 |
| 脚・足 | 136 |
| アスパラガス | 151 |
| 頭 | 132/136 |
| 頭が痛い | 37/161 |
| 熱い | 78 |
| あっさり | 147 |
| 暑すぎる | 64 |
| アップルケーキ | 13 |
| アップルパイ | 77/146 |
| アディダス | 98 |
| アナゴ | 152 |
| あなたの写真を撮っても | 114 |
| あなたの名前は何ですか | 163 |
| あばら肉（リブ） | 151 |
| 危ないですよ | 124 |
| アプフェルショーレ | 8/142 |
| 脂っこい | 78/147 |
| アプリコット | 145 |
| アボカド | 150 |
| 甘い | 14/78/147 |
| 甘口（ワイン） | 75/143 |
| 甘くないお菓子 | 94 |
| 甘酸っぱい | 77 |
| ありがとう（ございます） | 18/48/163 |
| 歩きやすい靴 | 88 |
| アルト歌手 | 117 |
| アルト | 74 |
| あれも見せてもらえますか | 99 |
| 案内所［図］ | 45/115 |
| いいえ、（〜です） | 19 |
| いいえ、結構です | 19/163 |
| イースターの飾り | 92 |
| いいですよ | 19 |
| イエローカード | 119 |
| いくら（値段） | 19/23/48/51/99/100/163 |
| 医者 | 125/133/161 |
| 椅子 | 60 |
| 痛いです | 124 |
| 痛み止め | 134 |
| 炒めた | 147 |
| いちご | 145 |
| 一人前 | 144 |
| 市場 | 82/106/153 |
| 一番安い部屋 | 50 |
| 胃腸炎 | 162 |
| 一緒 | 80/97/115/135 |
| 一等席 | 109 |
| 一泊あたり | 51 |
| 今 | 24/32 |
| イヤホン | 19 |
| 入口 | 16/157 |
| 色鉛筆 | 91 |
| インターネット | 10/54/63 |
| インフォメーション | 157 |
| インフルエンザ | 162 |
| ヴァイセンビール | 74 |
| ウィーン | 103 |
| ウィーンシュニッツェル | 76/148 |
| ウィーン風シュニッツェル | 76 |
| ウィスキー | 43/143 |
| ウール | 155 |
| 上 | 28 |
| ウェイター／ウェイトレス | 79/144 |
| ヴェルダー | 98 |
| ウサギ肉 | 151 |
| 後ろ | 28 |
| 薄いピンク | 86 |
| 薄切りソーセージ | 149 |
| 腕 | 136 |
| 腕時計 | 93/127/156 |
| 海が見える部屋 | 61 |
| エアコン | 60/63/141 |
| 映画館 | 161 |
| 英語のメニュー | 70 |
| 駅 | 12/16/106/110/112/126 |
| エキストラベッド | 51 |
| エコバッグ | 88 |
| エスオリバー | 98 |
| エスカレーター | 140 |
| エステ | 52 |
| 絵葉書 | 13 |
| エビ | 152 |
| エレベーター | 16/56/140 |
| 円 | 10/43/44 |
| 炎症 | 162 |
| 延長（戦） | 119 |
| 鉛筆 | 91 |
| おいしい | 14/78 |
| オイル | 146 |
| 横断歩道 | 159 |
| 往復1枚 | 109 |
| 大きい | 13/42/87/155 |
| オーケストラ | 117/121 |
| 大通り | 159 |
| オーブンで焼いた | 147 |
| オーボエ | 118 |
| お金 | 127 |
| お勘定 | 8/71/80 |
| オクトーバーフェスト | 102/105 |
| 遅れている | 160 |
| お子様メニュー［プレート］ | 70/76 |
| おすすめ | 70/144 |
| お酒 | 27 |
| おつりはとっておいて | 48 |
| お札（バレ） | 12/34/37/56/61/64/100/108 |
| 大人1枚 | 109/113 |
| お腹（が痛い） | 132/133/161 |
| 同じメーカーの | 94 |
| おはようございます | 18/163 |
| オフサイド | 119 |
| オペラ | 104/117 |
| オペレッタ | 117 |
| お土産パック | 94 |
| おもちゃ（屋） | 95/153 |
| お湯 | 64/142 |
| 折りたたみ傘 | 89 |
| オルガン | 118 |
| オレンジ | 86/145 |
| オレンジジュース | 8/36/59/142 |
| 終わる | 17 |
| 音声ガイド | 115 |

## 【か】

| 語 | ページ |
|---|---|
| カーディガン | 154 |
| カーテン | 60 |
| カード（クレジット） | 80/99/127/130/160 |
| カート | 41/45 |
| カードキー | 63 |
| 貝 | 152 |
| 海岸 | 126/157 |
| 開館 | 157 |
| 会議室 | 52/56 |
| 会計 | 144 |
| 解散（場所） | 108 |
| 会社員 | 40 |
| 外傷 | 162 |
| 回数券 | 109 |
| 階段 | 140 |
| ガイド | 104/115/125/128 |
| ガウン | 154 |
| 香り | 143 |
| 鏡 | 61/85 |
| 鍵 | 55/64/127/141 |
| 学生 | 40/113 |
| カクテル | 143 |
| 傘 | 89 |
| 火事（だ） | 124/160 |
| 歌手 | 117 |
| 風邪（薬） | 134/162 |
| 家族 | 161 |
| 肩 | 132/136 |
| 辛い | 78/80/147 |
| 辛口（ワイン） | 75/143 |
| カラフルな | 155 |
| カレーソーセージ | 148 |
| カレンダー | 92 |
| カロリー | 144 |
| 革（製） | 42/155 |
| 眼科 | 161 |
| 観光 | 39/105/107 |
| 観光案内所 | 106 |
| 看護師 | 161 |
| 監督 | 120 |
| キーホルダー | 92 |
| 黄色 | 86/154 |
| キオスク | 153 |
| 気温 | 138 |
| 危険 | 157 |
| 貴重品を預かる | 11 |
| 喫煙ルーム | 50/140 |
| キックオフ | 119 |
| 切手 | 13 |
| 切手（売り場） | 8/16/109/110 |
| 来てください | 124 |
| 昨日 | 32/132 |
| キノコソースのシュニッツェル | 76/148 |
| ギフト用に包んで | 97 |
| 気分が良くない | 37/133 |
| 客／客室メイド | 53 |
| キャベツ | 150 |
| キャンセル | 54/140 |
| キャンドル立て | 156 |
| 救急車 | 125/160 |
| 牛肉 | 14/35/151 |
| 牛肉のグヤーシュ | 148 |
| 牛乳 | 59/142 |
| 救命胴衣 | 38 |
| キュウリ | 150 |
| キュロットスカート | 154 |
| 今日 | 32 |
| 教会 | 102/104/157 |
| 居住国 | 32 |
| 去年 | 32 |
| きれいな景色 | 105 |
| キログラム（kg） | 23 |
| 気をつけて | 124 |
| 金色／銀色 | 154 |
| 禁煙ルーム | 50/140 |
| 金管楽器 | 118 |
| 銀行 | 12/44 |
| 金曜日 | 31 |
| 空港 | 110/111/112/139 |
| 空腹時に | 135 |
| 区画（ブロック） | 159 |
| くし | 61 |
| 薬 | 43/133/134/135 |
| 薬アレルギーがある | 133 |
| 口 | 136 |
| 口紅 | 90 |
| クッキー | 146 |
| 靴 | 156 |
| 靴屋 | 153 |
| クニレプス | 89/98 |
| 首 | 136 |
| グヤーシュ | 76 |
| グラウンド | 120 |
| グラス | 74/79/92/143/156 |
| クラリネット | 118 |
| クリームタルト | 146 |
| クリスマスの飾り［お菓子］ | 92/94 |
| クリスマスマーケット | 102/105 |
| グリルした | 147 |
| グループ割引 | 107 |
| 車 | 131/159 |
| 車の事故 | 131 |
| グレー | 86 |
| グレープフルーツ | 145 |
| クレジットカード | 99/127/130/160 |
| 黒 | 42/86/154 |
| クローク | 16/117 |
| クローゼット | 60 |
| クロス | 119 |
| 黒パン | 149 |
| 薫製にした | 147 |
| 蛍光ペン | 91 |
| 警察 | 12/112/125/128/130/160 |
| 計算ミス | 80 |
| 軽食 | 144 |
| 携帯電話 | 127 |
| ケーキ | 69/146 |
| ケーキ屋 | 153 |
| 外科 | 161 |
| 怪我した［する］ | 131/160 |
| 劇場 | 104/106 |
| 今月 | 132 |
| 消しゴム | 91 |
| 化粧室 | 16/138 |
| 化粧品 | 43/83/153 |
| 血液型 | 133/161 |
| 月曜日 | 31 |
| 解熱剤 | 134 |
| 下痢している | 162 |

| 語 | ページ | 語 | ページ | 語 | ページ | 語 | ページ |
|---|---|---|---|---|---|---|---|
| ケルシュ | 74 | コンサート | 104/117/121 | ジム | 56 | スープ | 35/69/72/148 |
| ケルン | 103/158 | 今週 | 32 | 閉まる | 17 | スカート | 84/154 |
| 見学 (所要時間) | 115 | コンセント | 60 | 地元のもの | 14 | スカーフ | 89 |
| 弦楽器 | 118 | コントラバス | 118 | ジャーマンポテト | 76/148 | すぐ食べられるもの | 73 |
| 現金 | 44/54/130 | こんにちは | 18/163 | 市役所 | 159 | スクランブルエッグ | 148 |
| 現地時間 | 138 | 今晩 | 73 | ジャケット | 84 | スグリ | 145 |
| コイ | 152 | こんばんは | 18/163 | 写真 | 10/11/15/114/115 | スクリーン | 57 |
| 濃いピンク | 86 | | | シャトルバス乗り場 | 46 | スタジアム | 119/126 |
| 公園 | 106/126/157/159 | 【さ】 | | シャワー | 50/61/141 | スタビロ | 98 |
| 公演 | 104 | サーモン | 152 | シャワージェル | 90 | 頭痛薬 | 134 |
| 交響楽団 | 118 | サーロイン | 151 | シャワー付きの部屋 | 50 | ズッキーニ | 150 |
| 航空券 | 127/139 | 最上階 | 141 | シャンパン | 36/143 | 酸っぱい | 147 |
| 高血圧 | 161 | 再入場 | 114 | シャンプー | 58/61/96 | ステージ | 117 |
| 仔牛肉 | 151 | 財布 | 89/127/156 | シュヴァルツヴァルトの生ハム | 148 | ステッドラー | 98 |
| 香水 | 90 | サインペン | 91 | 週間 | 27 | ストッキング | 89 |
| 抗生物質 | 162 | サウナ | 52/56/141 | 住所 | 11 | ストライキ | 160 |
| 紅茶 | 36/59/68/142/156 | 魚 | 8/35/152 | 渋滞 | 48 | ストロベリーアイス | 77 |
| 交通事故 | 160 | 魚のフライ | 152 | シュート | 119 | スニーカー | 88 |
| 後半 | 119 | 魚料理 | 72 | 宿泊先 | 130 | スパ | 52/56 |
| 公務員 | 40 | 詐欺 | 160 | シュタイゲ | 98 | スパークリングワイン | 143 |
| 小エビ | 152 | 失程 | 132 | 出国審査 | 139 | スパイシー | 78/147 |
| コースター | 144 | 作品 | 117 | 出発 | 17/23/107/138 | スパゲティ | 149 |
| コース | 156 | さくらんぼ | 145 | 出発時刻 | 138 | スプーン | 79 |
| コート | 84 | 刺身 | 152 | シュトットガルト | 158 | スポーツウェア | 83 |
| コーナー | 114 | 座席 | 16/37/38/138 | シュトレン | 94 | すみません | 18/37/111/163 |
| コーヒー | 36/59/68/142/156 | 撮影禁止 | 15 | シュナップス | 143 | スリ | 160 |
| コーヒーラウンジ | 69 | サッカースタジアム | 102 | シュニッツェル | 148 | スリッパ | 156 |
| コーラ | 36/68 | サッカーの試合を見たい | 104 | シュペッツレ | 149 | 税関 | 45/139 |
| 氷 | 60 | 作曲家 | 117 | 傷害保険 | 160 | 税関申告書 | 34/139 |
| ゴール | 119/121 | 砂糖 | 146 | 乗車 | 109 | 聖母教会 | 102 |
| ゴールキーパー | 120 | サバ | 152 | 常設展1枚 | 113 | 姓名 | 139 |
| 国籍 | 139 | 寒い | 37 | 商店街 | 82 | セーター | 84 |
| 午後 | 26 | 寒気 | 161 | 小児科 | 161 | セーフティーボックス | 60/63 |
| ココア | 68/142 | 寒すぎる | 64 | 常備薬 | 43 | セール品 | 85 |
| ここが痛い | 131 | 冷めている | 78 | 消防隊 | 160 | 咳が出る | 162 |
| ここで写真を撮っても | 114 | さようなら | 18 | 照明器具 | 59 | 席を替える | 37 |
| ここで停めて | 47 | 皿 | 79/156 | ショーケース [ウインドー] | 85/99 | 節 | 119 |
| ここに座る | 15/114 | サラダ | 69/72/148 | 食後 [前] 酒 | 74/143 | 石けん | 58/61/96 |
| ここにどのくらいいますか | 108 | サラミ | 151 | 食後 [前] に | 135 | 背中 (腰) | 132/136 |
| ここはどこ | 108 | ザルツブルク | 103 | 食事 | 73 | 背中が痛い | 162 |
| コジオル | 98 | ザワークラウト | 13/76/148 | 食中毒 | 162 | 背もたれ | 38 |
| 胡椒 | 146/147 | 触っても | 99/114 | 植物園 | 157 | セロリ | 150 |
| 故障中 | 157 | サングラス | 89 | 食欲がない | 161 | 専業主夫 [主婦] | 40 |
| 小銭 | 44/99 | サンダル | 88 | 食料品店 | 153 | 先月 | 32 |
| 午前 | 26 | サンデー | 77 | 女性の店員 | 85 | 前菜 | 72/144/148 |
| こちらの方 (方向) に行って | 47 | サンドイッチ | 149 | 女性用トイレ | 100 | 選手 | 119 |
| 骨折 | 162 | 試合 | 119/121 | ショッピングモール | 82 | 先週 | 32/132 |
| 今年 | 32 | シーズン | 119 | 処方箋 | 162 | 喘息 | 161 |
| 子供1枚 | 109/113 | シートベルト | 38 | 書類鞄 | 127 | 前半 | 119 |
| 子供連れ | 67 | シーフード | 152 | ショルダーバッグ | 88 | 洗面台 | 62 |
| 子供服 | 83 | ジーンズ | 84 | シリアル | 59 | ソーセージ | 151 |
| 子ども向け機内食 | 35 | シェフ | 79 | シルク | 14 | ソーセージのカレーソース添え | 76 |
| 子供用 | 90 | 塩 | 146 | シルバー | 42 | ソーセージの盛り合わせ | 76/148 |
| コニャック | 143 | 塩辛い | 78/147 | 白 | 86/154 | そこ | 102 |
| この住所 | 48/112 | 塩漬け | 147 | シロイトダラ | 152 | そして、あなたは? | 163 |
| このホテル | 46/112 | 塩茹でポテト | 148 | 白ソーセージ | 13/151 | 外 | 28 |
| ごはん | 149 | 栞 | 92 | 白パン | 149 | ソファー | 60 |
| 仔羊 (ラム肉) | 151 | 歯科 | 161 | 白ワイン | 36/143 | ソプラノ歌手 | 117 |
| 仔豚 | 151 | 市街地図 | 102 | 城を訪れたい | 104 | ソリスト | 117/121 |
| ごめんなさい | 124 | 自家製の | 144 | シングルルーム | 50/140 | | |
| これ (を) ください | 99/163 | 時間 | 27/73/107/108/115 | 信号 | 159 | 【た】 | |
| これは何ですか | 80 | 指揮者 | 117 | 紳士靴 | 83 | タートルネック | 155 |
| これはもっとありません | 99 | 仕事 | 39 | 紳士服 | 83 | ダービー | 119 |
| これより大きい | 87 | 時差 | 138 | 親戚の家 | 40 | ターンテーブル | 41/45/139 |
| これより小さい | 87 | 静かな部屋 | 50 | 診断書 | 133 | 体温計 | 57 |
| これより長い | 87 | 下 | 28 | 審判 | 120 | 大学の寮 | 40 |
| これより細い | 155 | 舌 | 136 | 酢 | 146 | 大丈夫です | 19 |
| これより短い | 87 | 下着 | 84 | スイーツを詰合せたお土産パック | 91 | タイセイヨウアウカオウ | 152 |
| これよりゆったりした | 155 | 試着 | 15/99 | 水彩絵の具 | 91 | タオル | 9/58/61/96 |
| 転ぶ | 160 | 試着室 | 85 | 水曜日 | 31 | タクシー | 11/55 |
| 転んだ | 131 | 自転車 | 159 | 数日前 | 132 | タクシー乗り場 | 12/46/106/159 |
| 壊れている | 63 | 市内観光をしたい | 105 | スーツ | 84 | 多国籍料理 | 67 |
| 紺 | 154 | シニア | 107/113 | スーツケース | 45/88/156 | 助けて! | 124 |
| 今月 | 32 | しま模様 | 155 | スーパーマーケット | 62/82/153 | タバコ (屋) | 12/43 |
| | | | | | | タバコ臭い | 64 |

165

| 語 | ページ |
|---|---|
| タバコを吸う | 15 |
| ダブルルーム | 50/140 |
| たまご | 149 |
| たまねぎ | 150 |
| タラ | 152 |
| ダンサー | 117 |
| 炭酸なしの(の入った)水 | 142 |
| 男性の店員 | 85 |
| 男性用 | 90 |
| 男性用トイレ | 100 |
| 団体1日乗車券 | 109 |
| 小さい | 42 |
| チーズ | 72/149 |
| チーズ専門店 | 82/153 |
| チーズの盛り合わせ | 76/148 |
| チーム | 120/121 |
| チェック | 155 |
| チェックアウト | 8/54/62/140 |
| チェックイン | 10/54/62/140 |
| チェックインカウンター | 45/139 |
| チェリータルト | 146 |
| チェロ | 118 |
| 遅延 | 139 |
| 地下鉄 | 9/12/159 |
| チケット | 107 |
| 茶(色) | 86/154 |
| 着陸 | 139 |
| 中央駅 | 16/46/102/112 |
| 中くらい | 42 |
| 昼食 | 141/144 |
| チューバ | 118 |
| 注文 | 80 |
| チューリッヒ | 103 |
| 調子が悪い | 134 |
| 朝食 | 51/141/144 |
| チョコレート | 146 |
| チョコレートアイス | 77 |
| ちょっと待ってください | 19 |
| ツインルーム | 50/140 |
| 通路側座席 | 38/138 |
| 着く | 17 |
| ツナ | 152 |
| 詰め物をした | 147 |
| 強い薬 | 133 |
| 手 | 136 |
| ティーポット | 156 |
| 低気圧 | 161 |
| 定刻 | 138 |
| ティッシュ | 96 |
| 定年退職者 | 40 |
| ディフェンダー | 120 |
| ティンパニ | 118 |
| テーブル | 10/38/60 |
| テーブルクロス | 92 |
| 手描き | 95 |
| 出口 | 16/157 |
| デザート | 71/72/144 |
| 手帳 | 92 |
| 手作り | 95 |
| 手伝う | 11 |
| 鉄道駅 | 106 |
| 手荷物預かり所 | 157 |
| 手縫い | 95 |
| テノール歌手 | 117 |
| デパート | 82/153 |
| 手袋 | 89 |
| デュッセルドルフ | 103/158 |
| テラス | 56 |
| テレビ | 60/63/141 |
| 電車 | 60/64 |
| 展示会場 | 46 |
| 電車(の駅) | 126/159 |
| 電池 | 96 |
| 天然素材 | 95 |

| 語 | ページ |
|---|---|
| 電話 | 10/15/54/63/129/130/131 |
| ドア | 64 |
| ドアマン | 53 |
| ドブロック | 63 |
| ドイツ語 | 129 |
| ドイツ製 | 95 |
| ドイツ製品 | 95 |
| ドイツのスイーツ | 94 |
| ドイツのチョコレート | 94 |
| ドイツのメーカー | 95 |
| ドイツ料理 | 66 |
| トイレ | 23/61/64/100/108 |
| トイレットペーパー | 58/61 |
| どういたしまして | 19/163 |
| 搭乗口 | 139 |
| 搭乗券 | 139 |
| 到着(時刻) | 138 |
| 盗難 | 130/160 |
| 入浴剤 | 43 |
| 糖尿病 | 162 |
| 動物園 | 157 |
| とうもろこし | 150 |
| トースト | 149 |
| 通り | 159 |
| 読書灯 | 37/38 |
| 特別展 | 104/113 |
| どこから来ましたか | 163 |
| どこに行けばいいですか | 129 |
| とてもエキサイティング | 121 |
| とてもおいしい | 78/80 |
| 隣の部屋 | 64 |
| どのくらい | 23 |
| トマト | 150 |
| トマトジュース | 36 |
| 友達へのお土産 | 43 |
| 土曜日 | 31 |
| ドライヤー | 57 |
| トラウト | 152 |
| ドラッグストア | 82 |
| トランクを開けて | 47 |
| トランペット | 118 |
| 取り置きできますか | 99 |
| 鶏肉 | 35/151 |
| トリプルルーム | 50/140 |
| ドリンクメニュー | 71 |
| トレーニングジム | 52/141 |
| ドレスデン | 158 |
| 泥棒! | 124 |
| トロンボーン | 118 |
| [な] | |
| 内科 | 161 |
| ナイフ | 79 |
| 中 | 28 |
| 長袖 | 155 |
| 中庭 | 140 |
| なす | 150 |
| 夏 | 26 |
| 何 | 14 |
| ナプキン | 79/96 |
| 生ビール | 68/143 |
| 軟膏 | 134 |
| なんでしょうか | 163 |
| 何とおっしゃいましたか | 18 |
| 苦い | 78/147 |
| 肉屋 | 153 |
| 肉料理 | 72 |
| ニシン | 152 |
| 日曜日 | 31 |
| 二等席 | 109 |
| ニベア | 98 |
| 日本円 | 44 |
| 日本から来ました | 163 |
| 日本語が話せる[わかる]人 | 62/125 |
| 日本語のメニュー | 70 |
| 日本酒 | 43 |

| 語 | ページ |
|---|---|
| 日本大使館 | 128/129/160 |
| 日本のお菓子 | 43 |
| 日本の雑誌・新聞 | 34/138 |
| 日本へ電話をする | 10/54 |
| 二枚貝 | 152 |
| 荷物入れ | 37 |
| 荷物受取所 | 139 |
| 荷物サービス | 41 |
| 荷物棚 | 38 |
| 荷物を預ける | 54/55/62 |
| 荷物を受け取る | 62 |
| 荷物を置いておく | 15 |
| 荷物を積んで | 47 |
| 荷物を持って入っても | 114 |
| 入院 | 161 |
| 入国審査 | 45/139 |
| ニュルンベルク | 158 |
| 庭の小人 | 92 |
| にんじん | 150 |
| 妊娠中 | 133 |
| にんにく | 150 |
| 布製 | 42 |
| ネクタイ | 89 |
| ネクタイピン | 93 |
| 熱がある | 133/162 |
| ネックレス | 93 |
| 値札をとって | 97 |
| 寝る前に | 135 |
| 捻挫 | 162 |
| ノイシュヴァンシュタイン城 | 102/158 |
| ノースリーブ | 155 |
| ノート | 91 |
| 喉 | 136/161 |
| 飲み物 | 72/73 |
| 乗り換え | 110 |
| 乗り継ぎ | 45/139 |
| 乗り物の酔い止め | 134 |
| [は] | |
| 歯 | 132/136/162 |
| バー | 52/56/141 |
| ハードケース | 42 |
| ハーブ | 118 |
| ハーブ(ティー) | 142/150 |
| はい | 19 |
| はい、お願いします | 163 |
| バイオリン | 118 |
| 灰皿 | 144 |
| 歯医者 | 161 |
| はい、その通りです | 19 |
| 入っても | 15/114 |
| ハイデルベルク | 103/158 |
| ハイヒール | 88 |
| パイナップル | 145 |
| ハウスワイン | 75 |
| 歯が痛い | 162 |
| 吐き気(がする) | 133/161 |
| 白菜 | 150 |
| 箱に入れて | 97 |
| 橋 | 159 |
| 始まる | 17 |
| 馬車 | 105/159 |
| パジャマ | 154 |
| バジル | 150 |
| バス | 119 |
| バス | 17/111 |
| バス歌手 | 117 |
| パスタ | 35/149 |
| 白ワイン | 61 |
| バス付きの部屋 | 50 |
| バス停 | 12/106/119/159 |
| バス乗り場 | 46 |
| パスポート | 45/127/139 |

| 語 | ページ |
|---|---|
| バスルーム | 140 |
| パセリ | 150 |
| パソコン | 127 |
| バター | 146 |
| はちみつ | 146 |
| バッグ | 83/88/127/130/156 |
| 鼻 | 136 |
| 花柄 | 155 |
| 放せ! | 124 |
| バナナ | 145 |
| 鼻水が出る | 162 |
| 花屋 | 153 |
| バニラアイス | 77 |
| ハノイ | 98 |
| パブ | 67 |
| 歯ブラシ | 61/96 |
| 歯磨き粉 | 96 |
| ハム | 149/151 |
| 早い | 27 |
| 腹 | 136 |
| ハリボー | 98 |
| 春 | 26 |
| バルサミコ酢 | 146 |
| バレエ | 104/117 |
| パン | 80/149 |
| ハンガー | 85 |
| ハンカチ | 89 |
| 半熟卵 | 149 |
| 半ズボン | 155 |
| 半袖 | 155 |
| パンツ | 84 |
| ハンドクリーム | 90 |
| ハンドバッグ | 88 |
| ハンバーガー | 149 |
| ハンブルク | 103/158 |
| パンフレット | 55/107/115 |
| ビアガーデン | 67 |
| ピアス | 93 |
| ピアノ | 118 |
| ビアマグ | 92 |
| ヒーター | 60 |
| ビール | 36/74/143 |
| ビオラ | 118 |
| 日替りセット[料理] | 70/144 |
| ひき肉 | 151 |
| 飛行時間 | 138 |
| 膝 | 136 |
| ピザ | 149 |
| 美術館(博物館) | 102/106/157 |
| 非常口 | 34/138 |
| 左 | 28 |
| 筆記用具 | 83 |
| 羊肉 | 151 |
| ひったくり | 124 |
| ビデオに撮っても | 114 |
| ひと月 | 39 |
| 一つ星 | 66 |
| ビニール袋 | 96 |
| 日焼け止めクリーム | 90 |
| 病院 | 128/131/160 |
| 開く | 17 |
| 昼 | 26 |
| ビルケンシュトック | 98 |
| ピルス | 74 |
| ピルロイ&ボッホ | 98 |
| 広場 | 157 |
| 瓶 | 156 |
| 便せん | 58/91 |
| 便の変更 | 139 |
| 便名 | 139 |
| ファウル | 119 |
| ファゴット | 118 |
| ファックスを送る | 54 |
| フィルハーモニー | 102/112 |

| | | | |
|---|---|---|---|
| ブーツ | 88 | ほうれん草 | 150 |
| 封筒 | 58/91 | ホーム | 119 |
| プール | 52/56/141 | ボール | 120 |
| フェアラー | 98 | ボールペン | 91 |
| フェーダーヴァイザー | 75 | 保険 | 131/160 |
| フォーク | 79 | 保険会社 | 160 |
| フォーセブンイレブン | 96 | 保湿クリーム | 90 |
| フォワード | 120 | ポストカード | 91 |
| 服飾雑貨 | 83 | 細切り肉 | 151 |
| 婦人科 | 161 | ポタージュ | 148 |
| 婦人靴 | 83 | 発作 | 162 |
| 婦人服売り場 | 83 | ポツダム | 158 |
| 舞台 | 116 | ボディーソープ | 61 |
| 二つ星 | 66 | ボディーローション | 61 |
| 豚肉 | 35/151 | ポテト | 76/148 |
| フットレスト | 38 | ホテル | 17/40/46/107/112/128/130/140 |
| ぶどう | 145 | 歩道 | 159 |
| 船 | 105/159 | ボトル | 143 |
| 冬 | 26 | 骨付き肉 | 151 |
| フライドポテト | 69/149 | ホルン | 118 |
| ブラインド | 38 | ポロシャツ | 84 |
| ブラウス | 84 | 本日のおすすめ [料理] | 70/72 |
| プラグの変換 | 57 | 本屋 | 153 |
| ブラックコーヒー | 142 | | |
| フラッシュ [撮影] | 114/157 | **【ま】** | |
| プラム | 145 | マインツ | 158 |
| プラリーヌ | 94 | 前 | 28 |
| フランクフルト | 103/158 | マグカップ | 91 |
| フランクフルト空港 | 112 | 枕 | 34/37/60/141 |
| フランクフルトソーセージ | 151 | マスタード | 146 |
| ブランデー | 143 | 待ち合わせ | 17/108 |
| ブランデンブルク門 | 46/102/110 | 町が見える部屋 | 50 |
| フリーキック | 119 | 町の地図 | 13 |
| フリーマーケット | 153 | 街の中心 | 46 |
| プリン | 146 | マッサージルーム | 60 |
| 古い城壁 | 105 | 窓側座席 | 38/138 |
| フルーツサラダ | 69 | マフラー | 89 |
| フルーツティー | 68/142 | マヨネーズ | 146 |
| フルート | 118 | マリネした | 147 |
| ブルーベリー | 145 | 丸パン | 149 |
| フルコース | 144 | マンゴー | 145 |
| ブルゾン | 154 | 万年筆 | 91 |
| ブレーメン | 158 | 右 | 28 |
| ブレスレット | 93 | 水 | 9/142 |
| フレッシュオレンジジュース | 69 | 水色 | 154 |
| プレッツェル | 8/69/149 | 水着 | 154 |
| ブローチ | 93 | 水玉模様 | 155 |
| プログラム | 117 | 道 | 11/126 |
| ブロッコリー | 150 | ミックスサラダ | 148 |
| フロント | 53/140 | ミッドフィルダー | 120 |
| 文具店 | 153 | 三つ星 | 66 |
| 粉失 | 160 | 見ているだけです | 99 |
| 粉失手荷物の窓口 | 41 | 緑 | 86 |
| 噴火 | 159 | ミニバー | 60/141 |
| ヘアドライヤー | 61 | ミネラルウォーター | 36 |
| 閉館 | 157 | 身の回りのもの | 43 |
| ベーカリー | 82/153 | 耳 | 136 |
| ベーコンの白パンサンド | 69 | 土産物屋 | 56/82/106/153 |
| ベージュ | 86 | ミュージアムに行きたい | 104 |
| ベジタリアン | 67/70/72 | ミュンヘン | 103/158 |
| ベッド | 60/141 | ミルカ | 98 |
| ヘッドコーチ | 120 | 見る | 15 |
| ヘッドフォン | 61 | ムール貝 | 152 |
| 別々 | 80/97 | 無地 | 155 |
| ペナルティ | 119 | 蒸した | 147 |
| 部屋 | 50/54/55/62/64/140 | 虫よけ | 134 |
| ベランダ付きの部屋 | 50 | 紫 | 86 |
| ベリーゼリー | 77 | 無料 | 115 |
| ベルト | 89 | 目 | 132/136 |
| ベルボーイ | 53 | 名刺 | 55 |
| ベルリン | 103/158 | 名物料理 | 144 |
| ペンダント | 93 | メインディッシュ [料理] | 72/144 |
| 帽子 | 89 | メガネ | 156 |
| 宝飾店 | 153 | 目薬 | 162 |

| | | | |
|---|---|---|---|
| 目覚まし時計 | 60/63 | 料金 | 108/140 |
| 目玉焼き | 149 | 領収書 | 9/44/55 |
| メニュー | 9/71/72/79/144 | 緑茶 | 36/68/142 |
| めまい | 133/161 | 旅行(会)社 | 128/160 |
| メモ帳 | 91 | 旅行鞄 | 156 |
| メロン | 145 | 離陸 | 138 |
| 綿 | 155 | りんご | 145 |
| もう一度言ってもらえますか | 18/163 | リンゴジュース | 68 |
| もう1杯 | 36 | リンス | 58/61/96 |
| もう1泊する | 54 | ルイボスティー | 68/142 |
| もう1つ袋を | 97 | レインコート | 154 |
| 毛布 | 34/37/58/60/138/141 | レーズン | 145 |
| 木製 | 95 | 歴史的な町 [観光地] | 105/106 |
| 目的地 | 108/138 | レジ | 9 |
| 木曜日 | 31 | レストラン | 52/56/66/128 |
| 持ち込み禁止品 | 139 | レセプショニスト | 53 |
| 木管楽器 | 118 | レタス | 150 |
| もっと大きい [小さい] サイズ | 13 | レッドカード | 120 |
| もっと安いのはありませんか | 99 | レモネード | 68 |
| もっとゆっくり走って | 47 | レモン | 145 |
| 戻る | 17 | レンタカー | 131 |
| モモ | 145 | レンタカーのカウンター | 40 |
| 最寄りの | 112 | 連絡 | 130 |
| 森 | 157 | ローストした | 147 |
| | | ローテンブルク | 103/158 |
| **【や】** | | ローヒール | 88 |
| 八百屋 | 153 | ロゼワイン | 74/143 |
| 焼き菓子 | 94 | ロッカー | 115 |
| 焼き魚 | 152 | ロビー | 53/117/140 |
| 野菜スープ | 76/148 | ロマンチック街道 | 140 |
| 野菜レストラン | 67 | 路面電車 | 159 |
| 薬局 | 82 | | |
| やめてください | 124 | **【わ】** | |
| 遊園地 | 157 | ワイシャツ | 84 |
| 夕方:済 | 26 | ワイン | 43/75/143 |
| 夕食 | 141/144 | ワイングラス | 79/92/156 |
| 友人に会う | 39 | ワイン専門店 | 82 |
| 友人の家 | 40 | ワインの香り | 67 |
| 郵便局 | 12 | ワインバー | 67 |
| 有料 | 115 | ワインメニュー | 9/71 |
| 有料チャンネル | 60 | わかりません | 18 |
| ユーロ | 10/23/44 | 和食 | 67 |
| ゆっくり話してもらえますか | 18 | 私の写真を撮る | 11 |
| ゆで卵 | 59 | 私の(座)席 | 16/34 |
| 指 | 136 | 私の名前は〜です | 163 |
| 指輪 | 93 | 私は〜才です | 163 |
| 湯沸しポット | 57 | 私は日本人です | 163 |
| 良いレストラン | 67 | ワッフル | 69/146 |
| ようこそいらっしゃいました | 163 | ワンピース | 84 |
| 洋梨 | 145 | | |
| 浴槽 | 59/146 | **【数字・アルファベット】** | |
| 浴室 | 61 | 〜%オフの特売 | 85 |
| 予定より早く | 29 | 〜カ月 | 27/39 |
| 予約 | 10/54/62/73/140 | 〜円 | 43 |
| より大きい [小さい] サイズ | 155 | 〜階 | 141 |
| 夜 | 26 | 〜月×日 (に) | 29 |
| | | 〜月×日から〇月△日まで | 29 |
| **【ら】** | | 〜後 [前] | 32 |
| 来月 | 32 | 〜語が話せる人 [医者] | 129/133 |
| 来週 | 32 | 〜時 (時刻) | 8 |
| ライゼンタール | 98 | 〜週間 | 39 |
| 来年 | 32 | 〜人乗れますか | 48 |
| ライプツィヒ | 158 | 〜日×回 | 32 |
| ライム | 145 | 〜日間 | 39 |
| ライン川 | 158 | 〜年 (年号) | 29 |
| ラズベリー | 145 | 〜年後 [前] | 32 |
| ラミー | 98 | 〜泊 | 62 |
| ランチョンマット | 92/156 | 〜名です | 72 |
| リースリング | 74 | 1/4のしろワインを | 74 |
| リップバウム、リップクリーム | 90 | 10 ユーロ札 | 44 |
| リモコン | 37/60 | 1日乗車券 | 109 |
| 留学 | 39 | ICE (の駅) | 46/110 |
| リューベック | 158 | iPad | 127 |
| リュック | 88 | L(M)サイズ | 87/155 |
| 量 | 80 | Sサイズ | 14/87/155 |
| 両替 (所) | 10/44/45 | Tシャツ | 84 |

167

●著者紹介

**大槻 アネッテ** Otsuki Annette

ボン生まれのドイツ人。ケルン大学でドイツ言語学と文学を学び、2001年に卒業後はドイツの様々な出版社でジャーナリスト、講師、編集者を務める。2002年から2008年までPhilharmonischer Chor Köln（ケルン交響合唱団）に参加。2008年に日本に移住し、2009年にカッセル大学とゲーテ・インスティチュートで「外国語としてのドイツ語教授法」研究科修了。様々な年齢層の日本人にドイツ語を教授。家族は日本人の夫と子供が2人。

**池上 陽子** Ikegami Yoko

獨協大学外国語学部ドイツ語学科卒。フリーランスとして英日、独日の翻訳を手がけた後、有限会社おひさまハウスを立ち上げ、翻訳・通訳、語学スクール（英語、ドイツ語など6ヶ国語）、翻訳講座、ホームステイ留学等、語学ニーズ全般に渡りサポート。趣味は音楽、アウトドア、猫の保護ボランティア。

| | |
|---|---|
| カバーデザイン | 滝デザイン事務所 |
| カバーイラスト | 福田哲史 |
| 本文デザイン／DTP | 石田美聡（群企画） |
| 本文イラスト | 田中斉 |
| 本文写真提供 | ドイツ観光局／Wikimedia Commons |
| 音声録音・編集 | 一般財団法人　英語教育協議会（ELEC） |
| CD制作 | 高速録音株式会社 |

---

# 単語でカンタン！旅行ドイツ語会話

平成28年（2016年）7月10日　　初版第1刷発行
令和5 年（2023年）6月10日　　　　第2刷発行

| | |
|---|---|
| 著　者 | 大槻アネッテ／池上陽子 |
| 発行人 | 福田富与 |
| 発行所 | 有限会社　Jリサーチ出版 |
| | 〒166-0002 東京都杉並区高円寺北2-29-14-705 |
| | 電　話　03(6808)8801(代)　FAX 03(5364)5310 |
| | 編集部　03(6808)8806 |
| | http://www.jresearch.co.jp |
| 印刷所 | 株式会社 シナノ パブリッシング プレス |

ISBN978-4-86392-300-3　禁無断転載。なお、乱丁・落丁はお取り替えいたします。
© 2016 Annette Otsuki, Yoko Ikegami, All rights reserved.